CONSIDÉRATIONS

MORALES

SUR LES FINANCES.

IMPRIMERIE DE LE NORMANT, RUE DE SEINE, N°. 8.

CONSIDÉRATIONS

MORALES

SUR LES FINANCES.

PAR

M. LE DUC DE LÉVIS.

Discite justitiam moniti.
VIRG.

PARIS,

ANTOINE-AUGUSTIN RENOUARD, LIBRAIRE,
RUE SAINT-ANDRÉ DES ARCS, N°. 55.

1816.

AVERTISSEMENT.

L'INFLUENCE que les finances exercent sur la prospérité des Etats, ainsi que sur le bonheur des individus, s'accroît tous les jours avec la masse des impôts. L'entretien des grandes armées permanentes, ce fléau des temps modernes, a rendu les dépenses publiques si excessives, qu'elles ne pourroient pas être acquittées même par les nations riches, si la fiscalité n'avoit inventé une foule de combinaisons qui atteignent le contribuable dans presque toutes les actions de la vie. Les choses en sont même venues au point que la condition des peuples dépend moins aujourd'hui de leurs institutions et de leurs lois civiles, que de la nature et de la quotité de l'impôt, encore plus peut-être du mode de perception.

L'étude des finances mérite donc de fixer l'attention des hommes éclairés qui s'intéressent à la prospérité de leur pays; et cependant il n'est que trop commun d'entendre dire à ceux même qui, remplissant des fonctions législatives, sont appelés à prononcer sur des questions d'impôt et de crédit, qu'ils ne comprennent rien aux finances. Autrefois, lorsqu'un voile épais et mystérieux couvroit tout le mécanisme de l'administration, cette ignorance étoit excusable; mais depuis que ce voile a été levé ou plutôt déchiré par le fameux compte rendu de 1781, les faits étant divulgués, la réflexion suffit pour faire l'application des principes à l'état de la France. Aujourd'hui, l'éta-

blissement du gouvernement représentatif donne encore de plus
grandes facilités. Il est nécessaire,
dans cet ordre de choses, que tout
ce qui tient à la dépense et à la
recette, soit connu dans le plus
grand détail; car la confiance, et
il n'y en a point sans publicité, est
l'âme des gouvernemens régulièrement tempérés, comme la force et
le secret sont les ressorts des gouvernemens absolus. Or, si l'on
ajoute quelques notions élémen-
taires à la connoissance des faits,
on sera en état d'apprécier saine-
ment les grandes opérations de
finances. Sans doute, pour diriger
cette branche importante de l'administration d'un vaste empire, il
faudra toujours réunir les dons du
génie aux leçons d'une expérience
consommée; mais autre chose est
d'administrer, autre chose de dis-

cuter des plans proposés. Le grand avantage qu'il y auroit à répandre cette doctrine salutaire, qui a pour base la morale et la bonne foi, qui enseigne que l'injustice est ruineuse, ce seroit d'écarter pour jamais tous les systèmes à dangereuses conséquences. Lorsque ce grand pas vers le bien sera fait, on n'entendra plus parler de ces projets désastreux que même des hommes estimables et d'ailleurs éclairés ne craignent pas de proposer, malgré les maux encore récens qui en ont été la suite. La banqueroute, le papier-monnaie, ces mesures iniques autant que funestes, seront alors relégués parmi ces erreurs surannées dont le ridicule feroit justice, si quelqu'un s'avisoit de les tirer de l'oubli. Qui oseroit reproduire aujourd'hui le système de Ptolémée ? et cependant, si cela arrivoit, combien peu de personnes, parmi celles qui se moqueroient de ces insensés, seroient en état de démontrer qu'ils ont tort? Il est infiniment utile pour le progrès des sciences que les vérités fondamentales soient reçues de confiance par le vulgaire, sur l'autorité des hommes faits pour le guider. Ils marchent alors d'un pas plus ferme et plus rapide ; ils ne sont pas obligés de s'arrêter pour combattre en chemin. Et remarquez que cette opinion sur l'immobilité de la terre étoit indifférente au bonheur des peuples, qu'elle n'influoit en rien sur les relations sociales, qu'elle n'empêchoit pas même que les arts et les lettres n'embellissent la vie, ne consolassent les misères humaines. Mais en finance, toutes les erreurs sont funestes ; au point où nous en sommes, elles seroient irremédiables. Déjà nous pouvons à peine supporter ces entraves si pesantes que la fiscalité nous impose. Ce ne sont pas seulement les jouissances du luxe qu'elle renchérit ; elle taxe les premiers besoins de la vie, et jusqu'à la lumière du jour qui nous éclaire. Puisqu'il faut payer, puisque l'on ne sauroit, sous peine de plus grands malheurs, se débarrasser de ce harnois pesant qui nous serre de toutes parts, tâchons qu'il ne nous blesse que le moins possible, et n'ajoutons point aux contributions nécessaires, celles non moins lourdes que nous imposeroient l'ignorance ou l'ineptie.

Je n'ai commencé à étudier les finances que peu de temps avant la première restauration, lorsque la chute prévue de l'usurpateur fit présager la délivrance de la patrie, le retour du souverain légitime, et

me donna l'espoir de recommencer
à les servir. Je fus étonné du peu
de secours que je trouvai dans les
livres : il n'existe rien de complet,
rien d'élémentaire sur cette importante matière. L'histoire des finances françaises reste à faire. Les recherches de Forbonnais sont esti-
mées, mais elles s'arrêtent en 1721.
On a encore les ouvrages de Mallet,
de Mellon, de Meilhan, celui de
M. Necker sur l'administration, ses
controverses avec M. de Calonne,
et quelques écrits modernes, parmi
lesquels il faut distinguer les Observations de M. de Monthyon. Quant
aux Economistes, le recueil de leurs
œuvres est plus volumineux qu'ins-
tructif. Les peines que j'ai été forcé
de prendre pour réunir des ma-
tériaux épars, des traditions qui
commencent à devenir rares, m'ont
donné l'idée d'épargner ce travail

à ceux qui voudroient acquérir
dans cette partie des connoissances
dont il me semble qu'on ne peut
plus se passer. C'est dans cette intention que j'avois entrepris l'ouvrage dont je donne l'introduction ;
mais, en acquérant la preuve de
cet accord parfait qui règne constamment entre la morale et l'économie, entre la justice et le crédit,
je ne tardai pas à me proposer un
dessein d'un ordre plus relevé. Je
conçus le projet de faire concourir
l'intérêt à la réforme des mœurs,
d'appeler la cupidité elle-même au
secours de la loyauté. Ce rapport
nouveau sous lequel je considérai
les finances, me força d'entrer dans
des développemens beaucoup plus
étendus, et de citer avec d'assez
grands détails les exemples mémorables et trop peu suivis que l'Angleterre et l'Amérique donnent à

l'Europe étonnée. Mon livre acquit ainsi une étendue que j'étois loin de prévoir; et je me trouvai dans une assez grande perplexité. Si je le resserrois dans d'étroites limites, je le rendois incomplet; d'un autre côté, je craignois que l'aspect d'un gros volume ne décourageât le plus grand nombre des lecteurs, que le mot seul de finance effraie, parce qu'ils s'attendent à ne trouver dans les ouvrages de ce genre que des chiffres et de l'ennui. Avant d'aller plus loin, j'ai voulu reconnoître le terrain. Je publie donc, comme une espèce de prospectus, l'introduction de mon ouvrage : l'accueil qu'on lui fera, m'indiquera si je dois renoncer à mon travail, ou s'il est utile que je le continue.

CONSIDÉRATIONS

MORALES

SUR LES FINANCES.

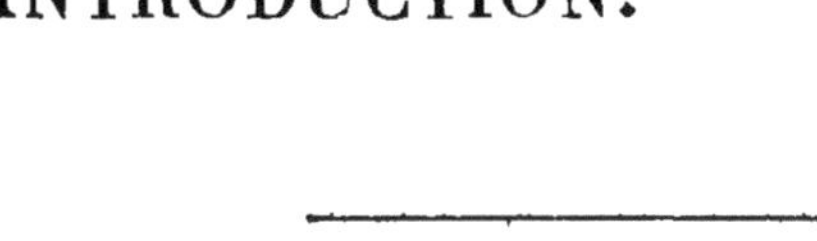

INTRODUCTION.

> Discite justitiam moniti.
> VIRG.

LA politique extérieure est réglée. La Charte constitutionnelle a déterminé les formes du gouvernement intérieur. Tous les esprits, toutes les pensées se dirigent aujourd'hui vers les finances : elles sont l'objet de nos plus vives inquiétudes, comme en elles est aussi notre espoir ; et dans cette sollicitude, il n'y a rien de contraire aux

sentimens généreux, rien qui décèle l'intérêt ou la cupidité. L'argent, dans nos temps
modernes, est non seulement l'agent universel des jouissances si compliquées du
riche, il est encore pour le moindre propriétaire, pour le pauvre même, un besoin
de première nécessité presque aussi indispensable que le pain qui le nourrit : dans un
temps de gêne et de pénurie, l'ouvrier reçoit de moindres salaires, la bienfaisance
est forcée de donner moins de secours. Le
trésor public étant devenu, par la prodigieuse extension de l'impôt, le réservoir
commun où se rendent incessamment les
richesses nationales, si elles ne reviennent
pas avec promptitude au point de départ,
si des obstacles quelconques interceptent
ou seulement retardent cette circulation rapide nécessaire à la vie du corps politique,
tout se dessèche, tout languit; les diverses
sources de prospérité s'épuisent, la reproduction diminue, les industries de toutes les
classes de la nation sont frappées d'une
funeste inertie.

Voilà ce que la réflexion indiquoit, voilà
ce que l'expérience a démontré. Mais s'il est

aisé de reconnoître des vérités aussi évidentes, qu'il est difficile de trouver les moyens de sauver la France abattue et consternée ! et, malheureusement, le système représentatif, quelque favorable qu'il soit au développement des talens naturels et au maintien de la liberté, ne nous donne point, à lui seul, les moyens de sortir de la crise terrible où nous sommes engagés. C'est un des inconvéniens de ce mode de gouvernement, et il est irrémédiable, que l'élection confère le droit et l'obligation de prononcer, sans y être préparé par l'étude et la réflexion, sur des affaires aussi importantes que difficiles, de décider, sans connoissances préliminaires, les questions les plus ardues de la législation. L'élévation à la pairie ajoute encore à ces priviléges, peut-être excessifs, le terrible droit d'exercer, sans appel, une jurisdiction capitale. Mais, sans doute, aucun des membres de ces deux grands jurys, pour avoir rempli dans tout le scrupule de leur conscience, avec toute la force d'attention dont ils sont capables, les fonctions si variées qui leur sont imposées, ne se croient pas transformés tout à coup en magistrats, en politiques, en financiers. Je suis fort loin, pour ma part, d'une semblable présomption, et je laisse aux financiers de profession la tâche difficile de proposer des plans proportionnés à nos besoins, et qui pourtant n'excèdent pas nos ressources. Mais lorsque des doctrines désastreuses sont présentées avec un appareil de raisonnemens et de calculs qui en imposent à la crédule ignorance ; lorsqu'un système, si funeste dans ses effets qu'il a décrié le nom même de *système*, reproduit sous d'autres formes, nous est annoncé, malgré l'expérience si récente des assignats, comme devant réparer nos maux, qu'il aggraveroit ; lorsqu'enfin on nous affirme que du papier touché par une main habile, devient à l'instant de l'or, et qu'il peut ainsi remplacer celui qui va nous échapper, ne devient-il pas nécessaire de signaler des illusions si dangereuses ? Et qu'est-il besoin de pratique en administration, ou de connoissances approfondies en économie politique, pour reconnoître qu'il ne sauroit y avoir d'autre base de crédit que la bonne foi éprouvée et la confiance qu'elle inspire, que les sources de toute richesse

sont le travail, l'économie et l'industrie ?
Ces vérités, ou plutôt ces axiomes, indépendans des temps et des circonstances,
devroient garantir de toutes les erreurs en
finances, et repousser toutes les chimères.
Malheureusement il n'en est pas ainsi. Il
existe dans le cœur humain une passion trop
basse pour être avouée, trop vive pour ne
pas être excitée par la moins probable des
espérances : c'est la cupidité. Jadis elle ins-
pira à nos crédules ancêtres le goût de l'alchimie et des sciences occultes ; beaucoup
pâlirent sur leurs livres, se desséchèrent
sur leurs fourneaux, consultèrent les astres,
évoquèrent les Enfers pour parvenir au
grand œuvre, objet de leurs vœux intéressés. Nous nous moquons de la folie des
siècles passés, sans être devenus ni plus
sages, ni surtout moins avides. Le papier-
monnoie est la pierre philosophale des modernes ; et cette prétendue science d'un
crédit sans base, qui ne repose que sur l'il-
lusion, ne se maintient que par la force, et
qui s'étend à volonté comme l'or pressé
dans le laminoir, voilà notre alchimie,
mais avec cette différence, tout à l'avantage

des temps anciens, que, du moins, l'alchi-
miste consumoit obscurément son patrimoine sans offenser la morale et sans nuire
à autrui; au lieu que les mauvais systèmes
de finances, en détruisant les fortunes par-
ticulières, sapent aussi les fondemens de la
morale publique. Dans l'état avancé où se
trouve la civilisation en Europe, lorsque les
rapports d'intérêts et d'affaires sont si multipliés, si compliqués, si fréquens, introduire dans les échanges une valeur essen-
tiellement variable, un papier dont le crédit
est sujet à mille accidens, exposé à toutes
les chances des spéculations, à toutes les
manœuvres de l'agiotage, n'est-ce pas ex-
citer la vile passion du gain? N'est-ce pas
ouvrir la porte à la fraude et à la mauvaise
foi? Et remarquez, je vous prie, que ces
tentations, irrésistibles pour le plus grand
nombre, ne sont pas bornées à la seule
classe des commerçans. Et, en effet, quel
est l'homme, riche ou pauvre, habitant de
la ville ou de la campagne, propriétaire ou
capitaliste, qui ne soit pas continuellement
dans le cas de vendre ou d'acheter, de
prendre ou de donner à loyer, de payer ou

de recevoir , et même qui ne renouvelle pas, plusieurs fois par jour, quelques uns deces marchés? Non, il est impossible aujourd'hui de toucher au système financier sans causer un ébranlement général ; car c'est, pour ainsi dire, la partie nerveuse et irritable du corps politique.

Ces vérités me paroissent évidentes, et les raisonnemens contre tous ces plans si dangereux, sous le double rapport de l'intérêt et des mœurs , sont tellement concluans, les traces des dégâts que des inventions du même genre ont causés, à deux époques bien mémorables, sont encore si peu effacées, que leurs auteurs ne trouveroient guère de prosélytes, si, par une circonstance aussi bizarre que malheureuse, l'Angleterre, toujours notre rivale , et souvent notre ennemie, ne nous faisoit en ce moment un mal qui, pour être involontaire , n'en est pas moins réel. Le papier légal, qui remplace dans ce pays l'argent depuis tant d'années, et que l'on a presque triplé sans le déprécier, fournit aux partisans du papier-monnoie l'argument, véritablement imposant, d'une expérience heureuse et consacrée par le temps. Ils repro-

duisent sans cesse cet exemple, l'opposent
à tous les raisonnemens, et séduisent ainsi,
à peu de frais, une foule de personnes irré-
fléchies, et beaucoup d'autres encore chez
qui l'amour de la nouveauté, la passion de
s'enrichir par des chances heureuses, plutôt que par le travail, se masquent sous
l'apparence d'un zèle ardent pour la chose
publique. Tous ces hommes se méprennent
étrangement. D'abord, il n'est pas vrai que
les billets de banque soient exactement du
papier-monnoi·, puisque la loi n'oblige
point de les prendre en paiement ; elle permet, au contraire, de les refuser, et laisse
au créancier un libre recours sur les biens
de son débiteur : sa personne seulement est
exempte, dans ce cas, de la contrainte par
corps, rigueur peut-être inhumaine à laquelle
les dettes de toute nature l'assujétissent lorsqu'elles dépassent 10 liv. sterling. On doit
encore observer que jamais ni le gouvernement, ni la législature, ne se sont arrogé
le droit de commander à la banque des
émissions de ses billets ; c'est elle seule qui
en détermine, suivant ses facultés et les
besoins du public, les époques et le mon-

tant. Enfin, ce qui se passe en Angleterre ne sauroit avoir d'application en France, parce que les circonstances où se trouvent les deux pays sont entièrement différentes. Mais, par une singulière confusion d'idées, on prend l'effet pour la cause. Ce n'est pas parce que l'Angleterre a du papier-monnoie qu'elle est riche ; c'est, au contraire, parce qu'elle est riche qu'elle a, sans inconvéniens, du papier. Commençons donc par nous enrichir, si nous voulons avoir du papier ; car il a cette singulière propriété, qu'il achève la ruine du pauvre, et qu'il ajoute à l'opulence du riche. Au reste, des assertions dogmatiques persuadent moins que des faits. Ceux que je vais citer sont authentiques, et personne ne les contestera. Lorsque, vers la fin du siècle dernier, le parlement rendit le bill qui ordonnoit à la banque de suspendre ses paiemens en numéraire, la loi ne fit que régler ce qui étoit, depuis plusieurs années, une habitude volontaire, un usage général. Il n'y avoit presque point d'argent monnoyé dans la circulation, si peu, que, dans l'espace de six ans, je n'ai jamais vu faire un paiement en écus ; et je suis convaincu qu'il n'existoit pas dans toute l'Angleterre 5o livres sterling, en argent, dans la même caisse. L'or étoit plus commun, mais il ne servoit que pour les voyages, ou pour acquitter les petites sommes ; le reste se payoit en billets de banque. C'est que le mouvement du commerce étoit devenu si vif, l'accroissement de la richesse (c'est-à-dire, suivant sa véritable définition, de la masse des denrées qui excèdent les besoins) étoit si rapide, que l'importation du numéraire n'avoit pu marcher d'un pas égal, d'autant plus que, pendant les quatre années qui précédèrent la suspension, trente-deux millions de guinées avoient été envoyés sur le continent pour payer des subsides, et près de dix autres millions pour acheter des blés. Il falloit donc suppléer au moyen ordinaire des échanges. D'ailleurs, les grandes opérations du commerce, et il y en avoit d'immenses, exigeoient des paiemens si forts, que l'or même n'étoit plus, à beaucoup près, assez précieux pour les solder avec la promptitude convenable. Aussi avoit-on été obligé de concentrer plus de valeur dans le signe, de faire des billets de banque de cent et de mille livres sterling. Enfin, le papier s'étoit introduit de force, par la même raison qui chasse le cuivre du comptoir des négocians, pour le reléguer dans les boutiques des marchands détailleurs. Si les diamans étoient tous de la même eau, ils devroient être la haute monnoie des peuples riches ; à leur défaut, le papier est nécessaire : mais n'oublions pas qu'il ne crée point la richesse ; il n'en est que le véhicule ; enfin, ce n'est qu'un moyen de transport : le confondre avec elle , c'est prendre la voiture pour le voyageur.

Les historiens qui auront un jour à remplir la tâche intéressante et difficile de décrire l'époque où nous vivons, s'étonneront sans doute que la véritable situation d'un pays séparé de la France par un bras de mer si étroit y ait été si long-temps méconnue, et que les causes de sa richesse , sans exemple , aient encore ; long-temps après la paix , donné lieu à tant de méprises. Le premier de ces phénomènes ne peut s'expliquer que par la tyrannie des gouvernemens révolutionnaires qui ont successivement opprimé notre malheureuse patrie. Afin d'entretenir la haine entre deux peuples faits pour s'estimer, ils avoient interrompu les communications, sous les peines les plus rigoureuses. Ils ne se contentoient point de tenir la presse dans un esclavage honteux ; ils avoient des écrivains à gages, qui représentoient sans cesse dans leurs journaux, les plus dangereux des libelles, le peuple anglais tombé dans une misère extrême, son gouvernement menacé d'une crise inévitable, son numéraire remplacé par un papier sans valeur, la banqueroute imminente, et la ruine de l'Etat assurée. Ils obtinrent un funeste succès ; l'opinion fut pervertie ; le public, à qui tous les moyens de connoître la vérité étoient ravis, à qui l'on représentoit la destruction de l'Angleterre comme la seule chance de paix et de salut, finit par la désirer. Ces vœux insensés et coupables le disposoient à accueillir, avec une crédulité confiante, Napoléon et ses dignes ministres, lorsqu'ils venoient répéter chaque année, au soi-disant Corps-Législatif, leurs assertions mensongères, leurs sinistres pronostics, que l'événement n'a jamais manqué de démentir ; les budgets, les discours offi-

ciels faisoient sonner bien haut l'accroissement de la dette anglaise ; ils dissimuloient
l'augmentation prodigieuse de toutes les
branches du revenu public , surtout celle des
douanes , signe infaillible de l'extension du
commerce et de la navigation. On insistoit
sur ce que coûtoit à l'Etat la taxe des
pauvres ; on taisoit ce que rapportoit l'impôt sur le revenu des riches , qui montoit
seul à près de trois cent millions tournois.
On citoit, comme le présage d'une ruine
prochaine , ces emprunts de quatre à cinq
cent millions , nécessaires pour balancer ,
en temps de guerre , la dépense annuelle ,
et l'on se gardoit bien de parler de la modi-
cité de l'intérêt , preuve incontestable de
crédit et de prospérité. Jamais il n'étoit
question de cette caisse d'amortissement si
puissante , si richement dotée , dont le revenu surpasse celui des plus grands souverains de l'Europe , et que l'on employoit
à racheter souvent au delà des trois quarts
de la somme empruntée dans l'année.

Mais laissons dans l'oubli qu'elles mé-
ritent ces tristes productions de l'ignorance
et de la mauvaise foi. L'Angleterre répon-

doit par des conquêtes à ces misérables dia-
tribes ; elle prenoit, l'une après l'autre,
nos colonies ; puis celles des Hollandais ,
devenus nos sujets : ses escadres dominoient
sur toutes les mers ; sa marine marchande
s'augmentoit annuellement de plusieurs cen-
taines de navires. Enfin, ce gouvernement
si *pauvre* soudoyoit, en Europe , deux Em-
pereurs, cinq à six Rois, et délivroit l'Es-
pagne. En Asie, il détruisoit, au sud de
l'Indoustan, l'empire du Mysore, tandis
qu'au Décan, et sur les rives du Gange, il
soumettoit une population bien plus nom-
breuse que celle de ses trois royaumes.

Voilà ce que faisoit l'Angleterre au dehors, et cependant cette île étoit devenue
une immense manufacture ; l'industrie, en-
couragée par les nouveaux débouchés qui
s'ouvroient à chaque instant pour elle dans
les deux Mondes, avoit redoublé d'émulation et de zèle. Elle avoit intéressé les
sciences à ses progrès ; et la physique, la
chimie, la mécanique appliquée aux arts
utiles, descendant aux plus simples métiers,
avoient opéré des prodiges. La question sur
les moyens de se procurer l'avantage dans

le commerce général avoit été réduite à ses
véritables termes. Là, il ne s'agit, comme
dans le négoce particulier, que de fabriquer
le mieux et au meilleur marché possible :
dès lors, on voit que la solution du problème
dépend, en grande partie, de l'économie du
temps. Aussi les savans, les artistes, les ouvriers, excités par l'appât des priviléges
exclusifs, qui récompensent généreusement
dans ce pays les découvertes et jusqu'aux
moindres perfectionnemens, s'évertuoient à
remplacer le travail des hommes par celui
des machines, d'un entretien moins dispendieux, ou, ce qui revient au même, d'un
plus grand produit. Ces idées n'étoient pas
nouvelles, non plus que celles d'employer
les pouvoirs naturels comme principes de
mouvement ; elles avoient eu, en d'autres
contrées, d'heureux résultats. Les peuples
industrieux qui habitent les montagnes, se
servent, depuis des siècles, du cours des
eaux pour faire mouvoir leurs usines. Les
Hollandais, en élevant des milliers de mou-
lins dans les plaines rases qu'ils disputent à
l'Océan, emploient à des usages très-variés
le vent qui enfle les voiles de leurs vais-

seaux : mais, de ces deux moyens, le premier est nécessairement borné, le second est précaire. Les Anglais, plus habiles et plus favorisés, ont découvert chez eux une une force motrice d'un effet constant et illimité : c'est le charbon de terre. Il remplaçoit, depuis long-temps, pour le chauffage, leurs forêts détruites. Aujourd'hui ses mines inépuisables servent encore à faire mouvoir une multitude de ces machines à vapeur que nous nommons improprement pompes à feu. Les plus ingénieuses combinaisons mécaniques, modifiant à l'infini l'application de cet admirable moteur, l'ont rendu susceptible d'exécuter les ouvrages les plus difficiles et les plus différens. Tantôt cet ouvrier à cent bras, réunissant l'adresse à une force gigantesque, exécute un travail qui surpasse le pouvoir de l'homme et celui des animaux les plus robustes ; il fend à la fois plusieurs barres de fer, forge des bêches et des faux d'un seul coup ; lamine le cuivre et l'acier ; ou bien, il fera tout le gros ouvrage d'une de ces immenses brasseries, où les tonneaux se comptent par milliers : tantôt on lui confie ces détails d'une minutieuse précision, réservés à la main délicate des enfans et des femmes. Il dévidera une infinité de bobines de soie, ou filera le coton et la laine qui doivent servir aux tissus les plus fins. Tout récemment, le génie de la mécanique, atteignant les limites du possible, a donné à ces machines la seule propriété qui leur manquoit, pour les rapprocher des êtres animés : elles ont le mouvement progressif, elles marchent. On les voit aujourd'hui sur la route des mines de charbons de terre, traîner des chariots pesamment chargés; d'autres, embarquées sur des rivières, remontent les bateaux contre le courant, le vent et la marée. Mais l'énumération de toutes ces merveilles de l'art m'entraîneroit trop loin ; j'en ai d'autres à raconter.

Pendant que la classe des fabricans, des manufacturiers, des artisans de toute espèce, donnoit à l'industrie une impulsion accélérée, les propriétaires, les fermiers, les cultivateurs redoubloient d'activité et d'émulation pour augmenter les produits du sol qui leur appartenoit, ou dont ils partageoient les récoltes. L'extension du com-

merce, en leur assurant le débit prompt et
avantageux de leurs denrées, leur avoit donné
le plus grand des encouragemens. Dès lors
l'agriculture, et ses nombreuses branches,
devinrent l'objet des recherches les plus
étendues, d'expériences ingénieuses, et
bientôt des plus vastes entreprises. Le succès
les multiplia; et la mode, cette fois raisonnable, introduisit parmi la haute noblesse
le goût de ces spéculations champêtres,
réputées les plus honorables de toutes,
sans doute parce qu'elles augmentent la
masse générale des subsistances, en même
temps que le pauvre en reçoit le bienfait
du travail, qui lui vaut mieux que l'aumône.
Ces grands propriétaires, pour la plupart
pairs du royaume, ou membres de la
chambre des communes, abandonnèrent,
pendant le long intervalle des sessions, la
capitale et ses insipides plaisirs, pour habi-
ter leurs terres, et s'y livrer à ce noble et
utile amusement des améliorations, source
des jouissances les plus pures du cœur et
de l'esprit. Les uns employèrent leurs capitaux et leurs soins au défrichement de ces
vastes bruyères, où les brigands trouvoient

un dangereux asile, et qui ne fournissoient qu'une chétive nourriture à quelques moutons épars. Avant le dix-huitième siècle , personne n'avoit cherché à cultiver ces terrains vagues et improductifs : on commença , sous le règne de la reine Anne , par quatorze cent trente-huit acres, pour lesquels il fut passé deux bills ; mais des intérêts privés, mal entendus, et des sophismes non moins fâcheux, retardèrent cette opération vraiment indispensable à la prospérité publique, puisque les terrains incultes formoient alors au delà du tiers de la superficie des trois royaumes. Sous le règne de Georges Ier, il n'y eut que seize de ces actes du parlement sans lesquels le partage des biens communaux ne peut s'effectuer. Mais lorsque l'industrie eut pris son essor, les préjugés se dissipèrent; et depuis l'avènement de Georges III jusqu'en 1800, le nombre des bills de défrichement fut de quinze cent trente-deux ; et près de trois millions d'acres (*) furent mis en valeur : cette expression est réellement celle qui

____

(*) 2,804.197.

convient ; car il fut prouvé que ces terrains, qui ne rendoient dans leur état de commune qu'un penny (deux sols tournois) par acre, rapportèrent, après avoir été défrichés, de cinq schellings jusqu'à trente ; c'est-à-dire, depuis soixante jusqu'à trois cent soixante fois leur ancien revenu. Quelle prodigieuse augmentation de capitaux et de productions alimentaires ! et de quelle im. portance ne devoit pas être cette dernière considération, dans un pays où l'augmentation des fabriques, l'extension inouïe du commerce maritime et de la navigation, faisoient faire à la population des progrès rapides : conséquence nécessaire de ce genre de prospérité ! En effet, lorsque les fabriques sont dans une grande activité ; lorsque le nombre des vaisseaux marchands s'accroît journellement (et les navires sont aussi des ateliers mouvans), on a besoin d'un plus grand nombre de bras, et les ouvriers sont demandés ; s'ils manquent, bientôt on en fera. Je répugne à me servir de ces comparaisons, de ces rapprochemens, qui semblent ravaler la dignité de l'homme ; mais il est utile de le dire, la population, c'est-à-dire, la fabrique humaine , suit la loi commune et générale des denrées manufacturées de toute nature, et l'on peut assurer que celui qui établit une manufacture profitable crée des ouvriers, comme celui qui défriche un champ jusqu'alors sans culture, sème une famille en même temps que le blé qui doit la nourrir. Voilà les deux sources de la population. A cette époque, ces deux causes agissoient en Angleterre, mais très-inégalement ; car le commerce augmentoit le nombre des habitans de la Grande-Bretagne dans une proportion telle, que le produit du territoire ne pouvoit plus suffire à leur subsistance : ils étoient donc obligés de recourir aux nations étrangères. Et cependant encore, en 1765, il y avoit un excédant considérable de cette espèce de produits ; car l'Angleterre exportoit (année commune prise sur quinze) pour plus de seize millions tournois de blé (*). En 1797 , au contraire, et je prends toujours cette date de préférence , parce qu'elle est celle de la suspension des paiemens de la banque en numéraire,

____

(*) 697,336 l. st.

qui m'a donné occasion de tracer, ou plutôt d'esquisser ce tableau, l'importation du blé coûtoit, par an, 2,400,000 liv. sterling. C'est cette circonstance locale d'un sol peu fécond, et dont une si grande partie étoit restée en friche, qui a retardé l'accroissement de la population que tout favorisoit. Sans cela, on l'auroit vue certainement augmenter aussi vite qu'en Amérique, où l'on sait qu'elle double en vingt-huit ans; et, dans ce calcul, l'on fait abstraction des immigrations. Malgré ce désavantage du sol, le nombre des habitans de la Grande-Bretagne, proprement dite, c'est-à-dire de l'Angleterre et de l'Ecosse, s'est élevé, dans les vingt-cinq dernières années du siècle qui vient de finir, de plus de 2 millions (de 9,400,000 à 11,441,000); mais le commerce et les fabriques étant les seules causes de cette augmentation, elle s'est accumulée dans les principaux ports de mer, et dans les villes de manufactures. Ainsi, Liverpool, Manchester, Glasgow, sont aujourd'hui comptées parmi les cités les plus peuplées de l'Europe. A l'égard de Londres, qui, en 1800, contenoit déjà un million d'hommes,

et qui croît encore tous les jours en population comme en étendue, nous ne saurions
nous en faire ici une idée juste par la com-
paraison, qu'en réunissant, dans la pensée,
à la capitale de la France, ses quatre plus
grandes villes, Lyon, Marseille, Rouen et
Bordeaux; et encore le mouvement et le
commerce de toutes ces places réunies est-il
relativement bien foible; peut-être n'est-il
pas le dixième de celui de la Tamise, qui reçoit tous les ans plus de douze mille vaisseaux.

L'agriculture, malgré cette insuffisance
de ses produits, fit, comme art, des progrès égaux à ceux des autres branches de
l'industrie. Une multitude d'instrumens qui
abrégent, en les faisant mieux, les travaux
champêtres, furent inventés. Ce mode in-
génieux de culture, au moyen duquel on
ne donne à la terre d'autres délassemens
que le changement de ses productions,
a été porté à sa perfection. Nous l'imi-
tons avec succès en France, comme les
Anglais l'avoient eux-mêmes emprunté des
Belges, les premiers entre tous les cultivateurs. Mais la théorie et la pratique systé-
matique des engrais minéraux sont du

particulièrement à l'Ecosse ; et dans ce seul royaume, la chaux, dans l'espace de quelques années , a élevé le revenu de plusieurs milliers d'acres d'un schelling à vingt-cinq. Je ne puis entrer dans le détail de tous les avantages que l'introduction de la culture en grand des plantes pivotantes a produits dans les îles britanniques ; les agriculteurs français savent aujourd'hui qu'en augmentant les récoltes destinées à la nourriture des bestiaux, elles disposent, par un travail secret, la terre à recevoir les graines céréales. Je passe aux améliorations, vraiment curieuses, que les soins des grands propriétaires firent éprouver à cette époque aux races d'animaux employés à la culture des terres, ainsi qu'à la nourriture et au vêtement des hommes. On connoît les courses de chevaux qui ont lieu successivement dans les divers comtés : la passion effrénée du jeu et des paris abuse souvent de cette institution, qui n'en a pas moins eu la plus heureuse influence sur la race des chevaux de selle , aujourd'hui recherchés dans toute l'Europe. La rivalité qui s'est introduite entre les possesseurs des bêtes à laine fine

est sans inconvénient pour la morale , et
rend le plus grand service aux manufactures. Ce goût a peut-être été poussé jusqu'à
la manie ; car il n'étoit pas raisonnable,
comme calcul de profit, de prendre à loyer,
pour une saison , un bélier moyennant neuf
cents guinées. Mais cette fantaisie, et d'autres
semblables , avoient le bon effet d'encourager la propagation des animaux utiles , en
tenant leur prix élevé. Outre les riches
agriculteurs qui s'attachoient à la finesse et à
la longueur de la laine , il y en eut plusieurs
qui s'occupèrent exclusivement de l'amélioration du mouton destiné à la boucherie. Ils
parvinrent à en augmenter le poids à un
point étonnant; et l'érudition, qui célébra
leurs succès, constata que les moutons qui,
en 1710, ne pesoient communément que
vingt-huit livres, n'en pesoient pas moins
de quatre-vingts en 1796. L'espèce des bœufs
grossit dans une proportion à peu près égale ;
au lieu de trois cent soixante-dix livres , ils
en pesèrent huit cents. Ce qu'il y eut de plus
singulier , fut le soin que l'on se donna pour
diminuer dans les moutons le poids relatif
des os. On y réussit : on découvrit et l'on

propagea une variété dont les os pèsent, à volume égal, plusieurs livres de moins que ceux du mouton commun.

Pour donner de l'ensemble, et répandre promptement les connoissances acquises par ces expériences diverses, on désiroit un point de réunion. Le duc de Bedford, l'un des plus riches seigneurs de l'Angleterre, rendit ce service à sa patrie, en fondant, dans sa belle terre de Woburn-Abbey, une institution célèbre dans toute l'Europe agricole, et dont aucun temps, ni aucune nation, n'avoit donné le modèle. Là, se réunissoient chaque année, pendant plusieurs jours, et ceux des grands propriétaires qui prenoient un intérêt direct à l'avancement du premier des arts, et les plus éminens des artistes qui en faisoient l'objet de leurs ingénieuses spéculations; les fermiers, les simples cultivateurs connus par leur intelligence et leur zèle, y étoient admis : ils apportoient des échantillons de leurs meilleurs produits; ils amenoient les plus beaux élèves des espèces qu'ils avoient améliorées. Connoisseurs éclairés, ils prononçoient, avec une impartiale justice, sur les qualités des concurrens; et cette exposition rurale avoit, par sa célébrité, la plus heureuse influence sur ce genre d'émulation. On discutoit ensuite les méthodes nouvelles, l'avantage ou les inconvéniens des outils, des instrumens aratoires récemment inventés; enfin, on se communiquoit tout ce que, dans chaque canton, l'année avoit ajouté aux connoissances pratiques et spéculatives; et de ces entretiens simples et amiables, sans prétentions, sans faste académique, il se formoit un corps de doctrine fondée sur le raisonnement, justifiée par l'expérience, que l'Angleterre recevoit avec confiance, et qui même, sur le continent, faisoit autorité.

J'ai décrit les progrès de l'industrie manufacturière et ceux de l'agriculture; il en est d'autres d'un genre mixte, qui ne commandent pas moins l'attention. La répartition égale et facile des denrées sur tous les points d'un même État est presqu'aussi intéressante pour la prospérité publique que l'abondance de la reproduction; c'est un des principaux avantages de la civilisation; il indemnise les citoyens des charges qu'ils

supportent en commun : aussi tous les gouvernemens ont-ils ajouté , en raison de leur
puissance et de leur habileté , des naviga-
tions artificielles, des routes et des ponts
aux moyens de communication naturelle
que la mer et les rivières offroient à leurs
sujets. En Angleterre, les particuliers ont,
dans ces derniers temps, fait de cet objet
d'utilité publique celui de leurs spéculations
privées; et il en est résulté que des travaux
qui ne s'exécutent dans les autres contrées
qu'en accablant les peuples de corvées ou
d'impôts onéreux, et que les guerres sus-
pendent indéfiniment, dont enfin les géné-
rations qui les paient ne jouissent presque
jamais, s'achèvent dans cette île avec autant
d'économie que de promptitude , et cela,
parce qu'ils sont l'emploi volontaire de la
richesse en même temps que la source de
nouveaux capitaux : aussi ce qui, en Angleterre, se fait en dix ans , dans ce genre, seroit ailleurs l'ouvrage des siècles. Le gouvernement protége et sanctionne ces grandes
entreprises , mais il n'y intervient que sous
le rapport de l'utilité publique , il ne règle
que les intérêts des tiers. Les fonds sont

faits par les propriétaires voisins, ou divisés en actions, ils sont fournis par la masse des capitalistes. Il est arrivé pourtant que des travaux immenses ont été faits par un seul homme. Ainsi le duc de Bridgewater a fait, vers l'époque dont je parle, exécuter une navigation magnifique, qui ne le cède peut-être qu'à notre canal des deux mers. Il a percé une montagne, des barques traversent sur un pont-aqueduc une rivière navigable. Dans ses mines, des canaux souterrains à *deux* étages voiturent le charbon de terre; des bateaux chargés y glissent d'une grande hauteur sur des plans inclinés, en faisant remonter les bateaux vides, ingénieuse et simple combinaison qui modère la vitesse de ceux qui descendent en épargnant tout le travail qu'il faudroit faire pour ramener au point de départ ceux qui sont déchargés. Tous ces ouvrages, qui feroient honneur au gouvernement d'un grand prince, ont été conduits avec tant d'art et d'économie, qu'en augmentant considérablement la richesse de plusieurs comtés, ils ont tellement accru celle du propriétaire, que ses revenus, dans l'espace de vingt ans, ont été

portés de vingt mille guinées à plus de cent
mille. Un autre pair d'Angleterre, possesseur de grandes mines sur le bord de l'O-
céan, a suivi jusque dans les entrailles de
la terre ses riches filons; et bravant Pluton
et Neptune, il a poussé ses galeries jusqu'à
deux milles au dessous de la pleine mer.
Dans plusieurs comtés, lorsque l'eau, le
moins cher des voituriers, n'a pu être em-
ployée, on y a presque suppléé en cons-
truisant des routes de fer, qui diminuent le
frottement au point qu'un cheval y fait le
travail de cinq. Mais, de tous ces ouvrages,
ceux qui me paroissent les plus admirables,
sont les ponts de fer coulé. Nous les avons
imités, et nos yeux s'accoutument à ces prodiges ; cependant ils frappent toujours mon
imagination. Les Anglais en ont un, celui
de Sunderland, qui, par l'immense ouver-
ture de son arche de deux cent quarante
pieds, par l'audace qui l'a posé sur un ro-
cher si élevé que les plus gros vaisseaux
passent dessous à pleines voiles, surpasse,
selon moi, tout ce que l'industrie des hommes
a jamais fait de plus merveilleux.

J'ai terminé le récit, peut-être trop long,

et cependant fort incomplet, des accroissemens de tout genre que la richesse anglaise
a éprouvés pendant les dix dernières années
du dix-huitième siècle. Il n'entroit point
dans mon sujet d'examiner avec combien
d'inégalité s'étoient opérés les partages entre
les individus. A côté de l'opulence et du
luxe, se trouvent toujours l'indigence et la
misère : ces extrêmes se touchent. Autre
vérité : lorsque la population s'accroît ra-
pidement, non seulement le nombre des
pauvres augmente, mais c'est ordinairement
dans une proportion plus élevée que par le
passé. Ces inconvéniens tiennent à la nature
des choses; seulement, il est consolant de
penser, qu'en général, ces maux partiels ne
tombent que sur la paresse ou l'impru-
dence : lorsque des circonstances im-
prévues excitent, à un grand degré, l'activité
d'une nation industrieuse, il en résulte un
état de fermentation qui froisse un grand
nombre d'intérêts privés : sur ce point, tous
les peuples se ressemblent. Toutes les fois
que la fortune ouvre les portes de son temple,
la foule s'y porte avec une vivacité qui tient
de la frénésie : aussi les accidens sont nom-

breux, impossibles à éviter. La cupidité
s'exalte à la vue de succès inouis; les spéculations se multiplient outre mesure ; les
marchés s'encombrent. Les premiers arrivés
avoient fait des gains énormes, les derniers
se ruinent. Le contre-coup se fait ressentir
dans les fabriques avec la rapidité de l'é-
clair : tout à coup les demandes cessent ,
les commandes sont révoquées , les usines
se taisent, les métiers dorment, et les ouvriers souffrent. Si j'avois eu à décrire la situation de l'empire britannique, et les rapports des diverses classes de la nation entre
elles , je n'aurois dissimulé aucuns de ces
malheurs qui pèsent sur un grand nombre
d'individus, sans que la prospérité publique
en soit atteinte ; j'aurois prouvé qu'ils tiroient leur source non seulement des causes
ordinaires que je viens de déduire, mais
encore des circonstances critiques et singu-
lières dans lesquelles l'Angleterre s'est trou-
vée à cette époque. Au nombre des plus fâcheuses, je compterois ces mauvaises récoltes
successives , bien plus sensibles dans un
pays où les moissons des années communes
ne suffisent plus à la nourriture des habi-

tans. Je parlerois ensuite des effets funestes du fameux *blocus continental*, effort gigantesque , quoique impuissant , d'une rage aveugle , qui n'a pas tardé à retomber sur son coupable auteur, mais qui n'en a pas moins causé une détresse assez prolongée dans plusieurs parties de la Grande-Bretagne. Mais dans l'ouvrage que je publie , je n'ai dû m'occuper que des résultats généraux , et spécialement de ce qui est relatif à la richesse et aux moyens de crédit , et il me suffisoit , pour atteindre le but que je me proposois, de prouver que le commerce intérieur et maritime , l'agriculture , la population , tous ces élémens de la puissance anglaise, avoient reçu , long-temps avant la suspension des paiemens en numéraire de la banque , cette impulsion progressive qui étonne l'imagination , et qui dépasse de beaucoup tous les exemples de l'histoire. Ce n'est donc point au papier forcé , au papier-monnaie que l'on peut raisonnablement attribuer un développement d'industrie qui l'a précédé. Je vais en indiquer les causes ; mais je dois, avant tout, remarquer que, si depuis cette époque , la prospérité anglaise

n'a pas rétrogradé , si au contraire sa marche
est toujours progressive , c'est parce que la
confiance que la nation avoit dans la banque
a subsisté , lorsque l'on a vu que les émissions de ses billets étoient bornées , comme
du temps qu'elle payoit en espèces , aux besoins indispensables de la circulation , et
qu'elles n'augmentoient que dans la proportion exacte du commerce , de la richesse publique et de ses propres capitaux , sans que
jamais aucune influence étrangère , pas plus
l'autorité du gouvernement que la tentation
des intérêts privés , lui ait fait dépasser ces
limites. Sans ces précautions , que la prudence et la probité prescrivoient également ,
tout étoit perdu.

J'ai prouvé que le tableau industriel de
l'Angleterre se rattachoit nécessairement au
sujet que je traite : peut-être trouvera-t-on
que je lui ai donné trop d'étendue ; à cela
je n'ai rien à répondre, si ce n'est que j'ai
cru utile de faire connoître des détails authentiques sur des objets qui intéressent tous
les peuples; mais si l'on me reprochoit d'a-
voir dépeint, dans tout leur éclat, les succès
d'une nation rivale, je ne chercherois pas

à me justifier. Je l'avoue , je ne conçois ni
ne partage ce sentiment d'une jalousie haineuse que l'on voudroit confondre avec l'a-
mour de la patrie , la plus noble des passions. La plus basse est certes l'envie ; et
pourquoi le seroit-elle moins , lorsqu'elle
s'exerce contre des millions d'individus ?
Ce que je hais, c'est le triomphe de l'injustice : ce qui excite mon indignation, ce sont
les victoires de la violence. Mais j'applaudis,
partout où je les rencontre , aux heureux
efforts du travail et de l'industrie ; et lorsque
je vois le génie du commerce et des arts
étendre les bienfaits de la civilisation sur
les diverses classes d'un grand peuple , dé-
velopper toutes ses facultés intellectuelles,
le plus beau présent de la Divinité , unir
par le lien puissant des jouissances réciproques les nations les plus reculées ; j'ad-
mire un si beau spectacle, mon âme en est
émue , et je jouis même, avec quelque orgueil, du succès de mes semblables ; mais,
par un retour naturel , ma pensée se re-
porte bientôt sur ceux qui me sont le plus
chers , sur mes compatriotes. Je m'empresse de présenter à leur émulation ce

tableau d'une prospérité que je voudrois
leur voir partager, et je leur montre , autant
qu'il est en moi , les moyens d'y atteindre.
Je ne sais si je m'abuse , mais je crois ces
sentimens plus conformes à la morale et à
la véritable philosophie, que ces inimitiés
patriotiques, condamnées par la religion,
et que l'humanité désavoue.

J'ai annoncé que je dirois quelles ont été
les causes de cette grande accumulation de
richesses , de cette prospérité presque soudaine dont l'Angleterre a joui seule dans ces
temps de misère et de désastres : elles sont
de plusieurs espèces. On doit, sans doute ,
mettre au premier rang l'activité et l'industrie , qualités générales chez ce peuple qui
unit d'ailleurs, à un grand dégré, la prudence
dans l'entreprise à la ténacité dans l'exécution. Voilà quelle fut la part des individus.
Quant au gouvernement, il sut constamment
profiter des circonstances pour étendre la
domination politique et commerciale de sa
nation, il dirigea avec beaucoup d'habileté
les spéculations mercantiles , en leur lais-
sant la liberté qui en fait la base ; pour les
encourager, il se servit à propos de primes

et de prohibitions : moyens opposés, mais qui peuvent tendre au même but ; obligé, pour soutenir une lutte terrible , de mettre sur les peuples d'énormes contributions, il choisit avec discernement les taxes qui ne nuisoient point à la reproduction , et il imposa plus fortement les dépenses volontaires, surtout celles qui encouragent les vices et les mauvaises mœurs ; mais ce qui lui mérite la reconnoissance universelle (car tous les peuples de l'Europe ne tarderont pas à l'imiter) , c'est d'avoir établi sur des fondemens immuables la doctrine salutaire du crédit, d'avoir prouvé, par l'expérience , les avantages incalculables de ces emprunts qui portent leur remède en eux-mêmes , puisqu'ils sont inséparablement associés à un revenu qui suffit pour payer les intérêts et pour éteindre le capital ; mode insensible de remboursement , qui , sans écraser la génération présente par des impôts excessifs , ménage la postérité , et lui laisse la vigueur nécessaire pour soutenir les guerres qui l'attendent, les guerres , fléau périodique , éternel comme nos passions.

Si les ministres qui ont gouverné l'Angleterre dans les dernières années du dix-
huitième siècle ont montré tant de talens
et de sagesse , ils n'en ont pas moins fait
des fautes et des fautes très-graves , surtout
dans la conduite des expéditions militaires;
mais la fortune leur a pardonné : je ne serai
pas plus sévère. D'ailleurs, de pareilles
discussions m'écarteroient de mon sujet.
Ce que je dois faire observer, c'est que la
forme du gouvernement anglais est des plus
favorables au commerce, qui veut, avant
tout, fixité et publicité dans les réglemens :
car il redoute l'arbitraire , moins encore
pour ses vexations que pour ses erreurs et
ses caprices , dont les suites sont bien autrement funestes.

Mais tous ces élémens de richesse , ce caractère national, cette activité industrieuse,
cette forme de gouvernement, existoient en
Angleterre long-temps avant 1789. Aussi
cette nation avançoit-elle graduellement
dans la carrière de la prospérité ; mais la
France , qui avoit d'autres avantages , n'é-
toit pas stationnaire , et les progrès de sa
population et de son commerce n'étoient pas

moins remarquables. Ce qui a donné à l'Angleterre ce mouvement accéléré, cet essor prodigieux qui lui a fait dépasser tous ses concurrens, il faut le dire, ce sont nos propres fautes, parmi lesquelles la plus déplorable, sous le rapport de la richesse publique, sera toujours la dévastation de Saint-Domingue, crime politique de nos révolutionnaires en délire. La ruine de cette île magnifique, de cette reine des Antilles, laissa dans les produits coloniaux destinés à la consommation de l'Europe un vide immense, que les Anglais seuls se trouvoient à portée de remplir. La Jamaïque et le Bengale leur en donnoient les moyens : ils en profitèrent, et la culture prit une prodigieuse extension dans leurs possessions des deux Indes. Bientôt après, la guerre maritime accrut nos pertes sans mesure. On ne voyoit plus, à la tête de notre marine militaire, ces officiers expérimentés qui avoient balancé les succès de leurs fiers rivaux; l'insubordination des équipages les avoit forcés d'abandonner, à regret, ces vaisseaux qui sont pour les marins une seconde patrie ; la France étoit encore privée de l'appui des

flottes d'un monarque notre allié fidèle,
mais qui ne pouvoit plus, avec honneur,
unir ses couleurs au pavillon rougi du sang
d'un Bourbon. La conséquence immédiate
de ces fautes et de ce crime, fut que presque
tous nos navires marchands devinrent la
proie de l'ennemi. Nos bâtimens de guerre
eurent le même sort; la bravoure, sur l'O-
céan, ne supplée jamais à l'habileté; dès lors,
nos colonies, isolées de la Métropole, suc-
combèrent après une résistance plus ou
moins prolongée. L'Angleterre, souveraine
absolue des mers, envoya dans tous les
ports, sur toutes les rades de l'univers, les
produits de ses fabriques; la force leur
frayoit le chemin, des qualités supérieures
en assuroient le débit : aussi, les succès
inouïs des armes françaises arrêtèrent peu
ceux de l'industrie anglaise. Dans la guerre
mercantile, ceux qui fabriquent le mieux
et à meilleur marché sont toujours sûrs de
vaincre, car les consommateurs passent de
leur côté : c'est une défection générale qu'aucune loi prohibitive ne sauroit empêcher.
On en convient : c'étoit aux dépens du commerce anglais que se payoient les énormes

subsides qui mettoient en mouvement les
armées coalisées ; mais, à vrai dire, ce
n'étoient que des primes d'assurance qu'il
falloit retrancher de ses profits. Cependant
les Anglais eurent tant de conquêtes à
faire et à garder dans les deux Indes, tant
de princes à soudoyer en Europe , tant
de peuples à secourir, que leurs revenus,
quoique augmentés de plus du double, ne
pouvoient balancer leurs dépenses. Il fallut
donc recourir aux emprunts : la Grande-
Bretagne en ouvrit pour elle-même, et encore pour les souverains étrangers. On sait
qu'ils furent remplis au taux le plus modéré ; mais il est utile d'observer que l'intérêt eût été beaucoup plus fort, et les négociations bien plus difficiles , si les capitaux n'étoient pas venus en foule de toutes
les parties du Continent, de la Hollande ,
de l'Italie , de la France même, se réfugier
dans cette île où la bonne foi n'avoit jamais
été outragée. Là, ils étoient à l'abri des spo-
liations de la guerre , des vexations que des
gouvernemens injustes et mal conseillés faisoient éprouver à leurs sujets : comme le

fer, l'or aussi a son aimant, et c'est la loyauté (1).

Dans un siècle comme le nôtre, où les succès de l'injustice n'ont été que trop communs, il est consolant d'avoir à citer un exemple mémorable, qui prouve l'existence d'un pouvoir de résistance fondé sur la foi trompée, pouvoir supérieur à toutes les tyrannies. La moitié de l'Europe a gémi sous l'oppression de Buonaparte. Le courage de ses guerriers, ses talens, sa perfidie, ont étendu sa domination sur de vastes Etats. Il a imposé d'énormes tributs, décimé des populations, distribué des royaumes. Mais, au faîte de tant de grandeurs, d'un pouvoir sans limites, deux choses lui ont été refusées ; deux choses que la force ne donne point, l'estime et le crédit. Celui qui pou-

---

(1) Les Anglais, fidèles à ces principes de probité et d'honneur, qui devroient être aussi sacrés pour les nations que pour les individus, ont respecté non seulement ces capitaux, mais encore leurs arrérages, avec une délicatesse qui mérite d'être louée et surtout imitée. Lorsque les nécessités de l'Etat les ont forcés de mettre un impôt sur les fonds publics aussi bien que sur les autres revenus, ils ont formellement exempté toutes les créances appartenantes à des étrangers.

voit tout prendre ne pouvoit rien emprunter. Au jour des revers, les conséquences de son immoralité ont été terribles pour lui ; et l'Histoire impartiale , qui dira les causes de sa chute, insistera peut-être moins sur ses fautes militaires , que sur sa déloyauté financière , qui le priva des ressources avec lesquelles il auroit pu les réparer.

C'est le crédit qui peut seul nous sauver, et la France mérite aujourd'hui ses inestimables bienfaits ; le Monarque auguste qui préside à nos destinées, les Députés des départemens, si purs, si loyaux , dignes de la nation régénérée qui les envoie , du Prince qui les associe à son gouvernement, tant d'honneur , tant de vertus commandent plus que l'estime ; ils ont droit à tous les respects. Mais si la confiance ne s'accorde, avec raison, qu'à la loyauté, cette qualité ne suffit pas seule pour fonder le crédit. Quel prince eut jamais des sentimens plus élevés que Louis-le-Grand ? Son successeur avoit, malgré ses foiblesses, l'amour de la justice, la droiture de cœur, apanage de sa noble race. Cependant, sous le règne de ces princes, les créanciers de l'Etat ont

été, à plusieurs reprises, indignement traités;
ils ont éprouvé de grandes pertes ; ils ont
essuyé, disons le mot, de véritables ban-
queroutes. C'est que dans ces temps , et
malheureusement encore du nôtre , on n'a
jamais voulu appliquer aux finances et à la
dette publique les règles invariables de la
justice et de la bonne foi. Par une funeste
inconséquence, dont les suites incalculables
ont fait verser bien des larmes, et même
beaucoup de sang, les hommes les plus
probes, les plus fidèles à leurs engagemens,
du moment qu'ils devenoient administrateurs ou ministres, se faisoient, pour ainsi
dire, une autre conscience. Leur justice
avoit deux balances. Dès que le trésor
éprouvoit quelque embarras, on les voyoit,
sans scrupule, rendre des ordonnances qui
ruïnoient des milliers de familles, dont tout
le crime étoit d'avoir eu confiance dans le
gouvernement, en plaçant, sous sa garantie, les épargnes de leur économie, les
fruits de leur laborieuse industrie : du même
coup, les dépôts les plus sacrés, la dot de
l'épouse mineure, l'héritage de l'orphelin,
étoient mutilés ou détruits. Ces iniquités,

dont le retour fréquent diminuoit l'odieux aux yeux du vulgaire irréfléchi, avoient leurs sources dans les abus des siècles passés. Tant que les finances françaises furent dans le chaos d'où Sully commença à les tirer, on ne savoit, dans les besoins de l'Etat, que recourir à des exactions arbitraires contre les traitans, les maltôtiers, et tous ces agens méprisables et méprisés du fisc, qui voloient le trésor en pressurant les peuples. Ils avoient l'art, si toutefois l'on peut nommer ainsi un grossier subterfuge, de se présenter toujours comme en avance, tandis que, dans la réalité, ils ne prêtoient au Roi que son argent. Cependant ces capitaux fictifs finissoient par être constitués en rentes, ou, ce qui revenoit au même, ils étoient reçus, comme comptant, dans les emprunts. Il résultoit de ce désordre inconcevable, que le public avoit pris l'habitude de regarder les réductions multipliées que l'on faisoit essuyer aux créances comme des espèces de représailles qu'il étoit juste d'exercer contre des brigands enrichis des dépouilles du fisc. Il eût été plus raisonnable, et surtout plus moral, de réprimer ces vols, au lieu d'avoir à les punir; comme il eût été plus économique de lever directement sur les peuples des contributions qui diminuent toujours en chemin. Aujourd'hui cet absurde système ne subsiste plus qu'en Turquie ; mais en France, nous n'avons fait que changer d'erreurs.

En remontant ainsi à l'origine de cette animadversion générale contre les créanciers de l'Etat, on peut se convaincre qu'elle ne devroit plus subsister depuis environ cent cinquante ans. C'est vers cette époque, qu'au moyen de vérifications et d'enquêtes au moins très-rigoureuses, Colbert ne laissa subsister à la charge du trésor royal que les dettes légitimes. Depuis, et même pendant la révolution, les placemens ont toujours été effectifs ; dans certaines occasions, ils ont été même déterminés par un sentiment patriotique, et, dans quelques autres, exigés par la force. Il faut donc l'avouer, si ces dispositions fâcheuses contre les rentiers ont subsisté; si les pertes multipliées qu'on leur a fait éprouver n'ont jamais causé qu'une médiocre sensation, c'est que la cupidité a entretenu ces injustes préventions. On apercevoit, dans les réductions arbitraires, la perspective d'un dégrèvement pour soi-même , et, en général, on ne compatit que foiblement aux maux dont on profite.

Il paroît cependant que l'on est revenu à des sentimens plus équitables, du moins envers ceux des créanciers qui sont propriétaires de cette partie de la dette que l'on nomme le *tiers consolidé*, dénomination dérisoire et maladroite , qui ne fait que rappeler une épouvantable injustice, sans donner aucune garantie que la même violence qui a supprimé les deux premiers tiers n'en fera pas autant de celui qui reste. Ce sont les institutions, et non les mots, qui donnent des idées de fixité et de solidité. Lorsque les Anglais ont commencé à bien comprendre les bases et l'utilité du crédit , ils ont assigné aux créanciers de l'Etat des revenus distincts et indépendans : ils ont voulu que cette portion des impôts fût aussi nulle pour les dépenses courantes que si elle n'existoit pas. Ils ont senti, et l'expérience a consacré la justesse de cette opinion , qu'il falloit pour obtenir la confiance , quand on a la force, qui, de sa nature , la repousse ; qu'il falloit, dis-je, faire à ses créanciers l'abandon entier d'une portion suffisante de son bien, une délégation spéciale autant qu'irrévocable. Rien de semblable n'existe en France ; tout se borne à des assurances cent fois, mais inutilement répétées, à des promesses autant de fois violées : encore si les avantages manifestes de la loyauté et du crédit étoient généralement reconnus en France, on pourroit croire à la surveillance de l'intérêt, la plus forte de toutes les garanties, dans un âge où la morale est relâchée ; mais tant d'erreurs, d'ignorance, d'incertitudes, offusquent la plupart des esprits, dans tout ce qui concerne les finances ; que même lorsqu'ils rencontrent la vérité, lorsqu'ils votent pour des mesures sages et convenables, c'est en partant de fausses bases, et en s'appuyant de mauvaises raisons. Ainsi, la foi publique et l'intérêt de l'Etat prescrivent impérieusement de payer les arrérages de la dette dans leur entier, et sans rechercher l'origine de toutes ses parties : mais n'est-il pas étrange que la plupart de ceux qui souscrivent à cette mesure, au lieu d'être mus par des considérations d'ordre et de crédit, soient persuadés qu'ils observent la plus exacte justice envers chacun des créanciers, qu'ils s'acquittent de ce qui leur est légitimement dû? Cette opinion est assurément fort honorable; mais il n'y eut jamais de méprise plus complète, et pourtant plus aisée à reconnoître. Le fait est qu'il n'y a pas aujourd'hui UN SEUL créancier qui reçoive l'intérêt légal de ses fonds, les cinq pour cent, au delà desquels la loi déclare tous les prêts usuraires. Pour s'en convaincre, il ne faut que songer, d'abord, aux nombreuses réductions qui ont détérioré l'ancienne dette jusqu'à la consolidation, et faire ensuite attention que, depuis cette époque, la rente n'a jamais été au pair. La vérité est donc que les anciens créanciers sont tous horriblement lésés, quoique dans des proportions différentes, et que, parmi les nouveaux, beaucoup reçoivent un intérêt exorbitant, tel que jamais l'usure n'a fait de plus scandaleux profits.

Personne n'ignore que la fluctuation des fonds publics a été très-considérable depuis la révolution; les journaux, qui en notent exactement le cours , instruisent de ces variations leurs nombreux lecteurs. Mais , en général , on n'a que des notions vagues sur l'étendue de la dépréciation que la dette a éprouvée à diverses époques, soit en réalité , par les réductions successives, soit dans l'opinion , à la suite des crises politiques. Les recherches que j'ai été obligé de faire , pour rendre cet ouvrage moins indigne de l'attention publique, m'ont donné la connoissance de résultats tellement singuliers , qu'ils m'auroient paru fabuleux s'ils n'avoient pas été appuyés sur des documens authentiques. Je vais en citer quelques uns; ils suffiront pour prouver l'extrême inégalité qui subsiste dans la condition des rentiers de l'Etat. Il existe une famille de robe dont les auteurs ont jadis placé 400,000 liv. dans les fonds publics, au denier vingt. Malgré les diminutions, les suspensions d'arrérages, la crainte dupapier-monnoie , deux fois justifiée par l'événement; soit que, dans cette famille, on ait nourri l'espoir d'un temps plus loyal , soit par tout autre motif, ce capital n'a jamais été aliéné. Aujourd'hui, au lieu des 20,000 l.

de rente solennellement promises, combien croyez-vous que ces honnêtes gens touchent? 1600 fr. ! c'est à raison d'un peu plus du tiers d'un pour cent, environ le douzième de ce qui leur est dû. Mais s'ils se décidoient, enfin, à réaliser ce foible débris de leur patrimoine, leur perte seroit dans une proportion encore plus forte ; car, en vendant au cours actuel de 60 fr., ils retireroient de leurs 1600 fr. de rente 19,200 fr., et par conséquent moins d'une année de leur revenu légitime ; enfin, sur 400,000 fr. ils en auroient perdu 380,800, c'est-à-dire les dix-neuf vingtièmes. Une autre famille, un peu moins maltraitée, retire 7,000 fr. de rente pour un million placé au commencement du dix-huitième siècle : c'est à peu près les deux tiers d'un pour cent. Je me bornerai à ces tristes exemples, qui ne sont peut-être pas les plus affligeans. Une des injustices les plus criantes porte sur quelques malheureux rentiers viagers, dépouillés autrefois par cet abbé Terray, de dure et cinique mémoire; ils avoient placé leurs fonds dans un de ces emprunts connus sous le nom de *Tontines*, où les survivans héritoient de leurs co-rentiers. Les intérêts étoient calculés en conséquence , et ils étoient nécessairement fort bas dans les premières années. Un édit des plus iniques les priva des chances promises , en les réduisant pour toujours à leurs arrérages primitifs. Ces vieillards ont inutilement traversé les orages de la révolution. Leurs amis sont morts : ils n'ont pas retrouvé de parens , les rentiers viagers n'en ont point , et leurs infirmités ne sont pas soulagées par les épargnes de leur jeunesse. Mais pourquoi s'appitoyer sur leur sort? Que sait-on? Peut-être qu'en les volant on leur a rendu service ; peut-être leur a-t-on sauvé la vie. Dans ces horribles temps , où , pour me servir d'une expression féroce, mais énergique , on battoit monnoie sur la place de la Révolution , on eût trouvé leur tête bonne à abattre , trop chère à conserver.

Mais quelque grandes que soient toutes ces pertes , dont la prescription peut seule pallier l'injustice, je n'ai pas encore parlé des créanciers qui sont le plus à plaindre. Il en existe une classe entière incomparablement plus maltraitée ; ce sont tous ceux qui n'ont

pu justifier d'une résidence non interrompue
sur le territoire français, soit qu'ils aient
été obligés de fuir le lieu de leur domicile
pour échapper aux meurtriers en pouvoir,
soit qu'ils aient combattu pour faire cesser
l'usurpation, dont le terme, irrévocablement
arrêté dans les décrets de la Providence, n'é-
toit pas encore arrivé. Nous avons tous (car je
m'honore d'être compté parmi ces derniers),
nous avons tous été atteints par cette mesure
qu'un des impitoyables conseillers de Buonaparte, jadis procureur, a désignée sous le
nom de *confusion*, terme barbare comme ce
qu'il exprimoit, et qui signifioit que la nation,
qui avoit pris nos biens, avoit eu le droit
de se rembourser à elle-même une dette
qui, de sa nature, n'étoit pas remboursable.
N'importe, on n'en concluoit pas moins que
rien ne nous étoit dû, et l'on s'est conduit
en conséquence. Mais laissons ces subtilités
honteuses: si je les ai citées, c'est pour prouver combien il est dangereux d'introduire
dans la haute administration des hommes
dont trop souvent la chicane a faussé l'esprit et desséché le cœur. Je ne parle, au
reste, de cette partie de la dette que comme

mémoire, ces *ci-devant* créanciers ont contracté la noble habitude des privations et
des sacrifices : rien ne sauroit altérer leur
dévouement au Roi et à la patrie, toujours inséparables à leurs yeux. Je me hâte
de passer à la catégorie des rentiers heureux.

Les assignats, ce grand moyen imaginé
par les chefs de la révolution, pour opérer
le déplacement des richesses qui fondirent
bientôt entre leurs mains imprudentes et
coupables, entraînèrent dans leur dépréciation progressive les rentes sur l'État.
Pendant plusieurs années, il n'y eut aucune différence entre ces deux valeurs, et
l'on achetoit cinq livres de rente pour cent
livres en papier, quel que fût le cours.
Ainsi, le 1ᵉʳ vendémiaire an **IV** (22 sep-
tembre 1795), le louis étant déjà à 1200 liv.
l'on pouvoit se procurer pour cette pièce
d'or 60 liv. de rente, réduites, il est vrai,
aujourd'hui au tiers; mais ces 20 liv. de
rentes vendues au cours actuel de 60 fr.,
rapporteroient 240 fr. : on voit que c'est
exactement dix capitaux pour un. Quelques
mois après, le 16 pluviose an **IV**, on fit

des placemens bien autrement avantageux :
le louis valoit 5,5oo liv. en assignats , et les
rentes étant toujours au pair avec le papier,
24 liv. en numéraire achetoient 275 liv. de
rentes perpétuelles , réduites aujourd'hui à
92 fr. Ces marchés, réalisés au cours actuel,
donnent l'énorme bénéfice de quarante-neuf
capitaux et demi pour un (1188 fr. pour
24).

Depuis cette époque, les assignats conti-
nuèrent à baisser , mais avec une rapidité
qui annonçoit leur chute inévitable et prochaine ; on commença à soupçonner que la
dette publique leur survivroit , et dès lors
leur baisse n'entraîna plus celle des effets ;
la rente au contraire se releva ; et lorsque
le louis valoit 8,200 liv. , on n'achetoit plus
pour la même somme que 72 liv. de rente,
qui en font 24 aujourd'hui. Ceux qui ont
acheté des rentes à cette époque . ont donc
un revenu précisément égal à la somme
qu'ils ont déboursée !

Lorsque l'argent eut enfin chassé les assignats et les mandats ; et après la prétendue
consolidation, opération qui s'est réduite à
faire banqueroute des deux tiers de la dette,

on put faire, en rente, des placemens presque aussi avantageux, puisque le cours est demeuré assez long-temps entre 7 et 8. L'histoire plus curieuse qu'amusante de ce chaos hétérogène que l'on nomme la dette consolidée ne seroit pas complète, si l'on omettoit les chances que les rentes dites provisoires ont présentées aux spéculateurs. Une combinaison financière qui portoit, comme toutes les autres, sur les biens dits nationaux, fit émettre cette espèce de rentes en avril 1798 : elles éprouvèrent des variations qu'il seroit fastidieux de rapporter ; il suffit de dire, qu'au mois de décembre de la même année, on achetoit, pour trente-sept sous, 5 fr. de rentes, inscrites quatre ans après sur le grand livre ; elles y figurent aujourd'hui à côté des créances qui rapportent sept sous pour cent francs ! Bel exemple de justice distributive, ou, pour parler sans ironie, preuve déplorable des désordres honteux où l'on ne manque pas d'arriver, lorsqu'on s'écarte des voies de la stricte probité ! Puissent du moins ces terribles leçons nous en garantir désormais ! Mais, pour intéresser tous nos sentimens à prévenir le re-

tour de ces calamités , je dirai qu'elles sont
non seulement affligeantes , mais encore
humiliantes pour l'amour-propre , puisqu'il
faut le concours de l'ignorance et de l'ineptie
pour que l'immoralité les produise. L'intérêt bien entendu et la raison éclairée suffisent pour les repousser; mais en déplo-
rant nos fautes , sachons en subir la peine
avec résignation : si nous gémissons de ne
pouvoir soulager les victimes d'une fiscalité
inique et mal avisée , que cette pitié bien
naturelle ne provoque point notre ressenti-
ment contre ceux qui ont tiré parti de la
misère des temps pour faire d'immenses béné-
fices! Il seroit non seulement impolitique ,
il seroit injuste de revenir contre les opérations qui les ont rendus créanciers de l'Etat ;
dès que la bourse , ce marché où se vendoient
les rentes , étoit autorisée comme les autres
lieux publics où l'on trafique des diverses
denrées , il étoit loisible à tous les citoyens
d'y faire cette sorte d'échanges. Je dirai
plus , les scrupules religieux les plus respec-
tables ne pouvoient condamner ces placemens , quelques chances d'intérêt qu'ils
présentassent , parce qu'ils étoient de cette

nature incertaine que la loi désigne sous le nom d'*aléatoire*, ce qui étoit évident, puisque quelque bas que fussent les prix, on pouvoit encore y perdre ; on plaçoit donc à la grosse aventure, expression consacrée dans le commerce pour désigner les spéculations les plus hasardeuses. Qui oseroit proposer de ne pas payer, ou même de diminuer les lots échus d'une loterie ? Cela ne seroit pourtant pas plus inique que de réduire les rentes de ces créanciers heureux.

Au reste, ces profits si considérables sont surtout fâcheux et nuisibles, parce qu'ils entraînent nécessairement des pertes équivalentes ; car, dans ce genre de trafic stérile, celui qui s'enrichit ne gagne qu'aux dépens de quelqu'un. Ceci me conduit à une observation importante : c'est qu'il n'existe qu'un moyen de diminuer les inconvéniens attachés aux emprunts, ressource indispensable de la finance moderne : c'est une caisse d'amortissement fondée sur des bases solides, et surtout habilement dirigée ; si ses rachats n'arrêtent pas entièrement l'influence des événemens malheureux sur les fonds, l'Etat, à l'aide de cette combinaison ingénieuse, se libère à bon marché.

Ou les inquiétudes se calment, ou le trésor en profite ; mais ce dernier résultat n'est. qu'une consolation , car il est bien plus avantageux que le crédit se relève , parce que lui seul peut maintenir l'intérêt de l'argent à un taux modéré : ne sait-on pas que lorsqu'il est cher, la plupart des dépenses publiques augmentent en même temps que les spéculations du commerce et de l'industrie diminuent ? Le crédit par l'amortissement , voilà le véritable levier qui peut soulever le monde.

L'Angleterre l'a prouvé : j'ai long-temps vu de près le jeu alternatif de cet admirable mécanisme, et je le comparois à ces grands corps de pompe que la Tamise fait mouvoir auprès du pont de Londres. Lorsque la marée monte, la machine s'arrête ; mais dès que le flot baisse , le mouvement recommence ; et des eaux salutaires se répandent dans tous les quartiers de la capitale.

J'ai traité la question de la dette constituée , sous le double rapport de la morale et de l'économie ; il me reste à présenter quelques observations sur cette partie de la dette à laquelle les Anglais ont donné le

nom de *fluttante* , et que nous désignons ,
dans notre langue financière, sous celui *d'arriéré*. Ces deux termes expliquent parfaite-
ment ce qui se passe dans les deux pays.
En Angleterre , les dépenses , dès qu'elles
sont apurées , portent intérêt, mais elles ne
reçoivent une assignation fixe dans le revenu
que par une loi spéciale qui les consolide.
En France, on les tient indéfiniment en
arrière. On paie quand on veut, comme on
veut, en partie, point du tout. Voilà où
nous en sommes depuis vingt-cinq ans ;
chaque année, cependant, nous subissons
régulièrement la peine de ce désordre et de
ces injustices : car, en matière de finances
et de crédit, le châtiment de la foi violée
n'est pas cette justice lente et boiteuse dont
parle le poëte, *pede pœna claudo*, c'est
un génie ailé, rapide comme la foudre,
impitoyable comme la mort, et qui frappe
le coupable à coups redoublés, en dépit de
sa puissance et de son élévation : sur le
trône , comme sur la chaise curule. Vous
avez voulu, dit-il à l'imprévoyante ava-
rice, vous soustraire au paiement promis :
vous paierez double. Vous avez ruiné vos

créanciers : soyez écrasée d'impôts ; et vous n'en serez pas mieux servie : car la violence engendre la supercherie ; et dans cette lutte déplorable entre la fraude et l'iniquité, c'est toujours la fraude qui finit par l'emporter.

Cependant, on n'est jamais sans prétextes pour excuser ces funestes manquemens, de foi ; le plus spécieux est l'inexactitude de certains créanciers à remplir les conditions qui leur ont été imposées pour le devenir. Le principe est juste, il ne s'agit que de bien l'appliquer. Assurément, les obligations étant réciproques, celles que les particuliers contractent avec l'Etat doivent être rigoureusement gardées ; et il faut convenir que l'opinion publique, qui accuse la classe entière des fournisseurs, se fonde, pour la plupart d'entr'eux, sur de trop bonnes raisons. J'ai voulu les approfondir ; et si le lecteur ne craint pas de descendre avec moi dans ce labyrinthe fangeux, dans ce dédale de fourberies et de faux, de manœuvres coupables et de corruption, de connivence et de complicité entre les surveillans et les surveillés, enfin d'une multitude presque innombrable d'escroqueries , de vols de toute espèce et de toute grandeur, depuis le larcin d'une ration de la valeur de quelques sous , jusqu'à la déprédation audacieuse d'un million , qu'il me suive : pour le soutenir contre le dégoût qu'inspire un tel amas de bassesses , je lui dirai d'avance : si le sentiment le plus habituel que ce pénible examen fait éprouver, est celui de l'indignation et du mépris, l'homme d'Etat , l'administrateur , le moraliste , peuvent en tirer des observations très-utiles. Il faut connoître les abus pour les réprimer, les crimes pour les punir, les fautes pour les éviter ; mais quoique cet épouvantable brigandage ne remonte pas au delà de vingt-cinq ans, l'histoire en est trop volumineuse pour décrire, avec quelque détail, toutes ses parties ; celle qui concerne la guerre est de beaucoup la plus importante , c'est aussi celle sur laquelle je m'étendrai davantage.

On sait quelles immenses armées la république française et les gouvernemens qui lui ont succédé ont constamment tenues sur pied : année commune, il n'y a pas eu moins de huit cent mille hommes sous les armes. C'est le double de ce que Louis XIV opposa à l'Europe conjurée ; mais le matériel de l'artillerie s'est élevé dans une proportion bien plus forte, et l'on mène aujourd'hui au moins dix fois plus de canon en campagne que dans le dix-septième siècle. Tout ce qu'il faut de boulets, d'obus, de mitraille, d'affûts, de caissons pour servir et approvisionner cette multitude de bouches à feu, est véritablement prodigieux. Le nombre des chevaux qui les conduisent l'est également, et il faut encore y ajouter ceux qui appartiennent à l'artillerie volante, invention moderne des plus dispendieuses. Ce luxe effroyable de moyens de destruction ne procure aucun avantage relatif aux nations militaires, puisque toutes l'ont adopté ; et il entraîne, pour chacune d'elles, des dépenses énormes qui retombent en impôts sur les peuples, et qui les empêchent de respirer pendant les intervalles trop courts de la paix : ils sont donc à regretter ces temps où l'on se tuoit à si bon marché. Quand on se battoit corps à corps, un sabre et un bâton ferré en faisoient les

frais; les fantassins qui n'étoient point chargés de fusils et de gibernes portoient leurs
vivres, et les chevaux ne servoient que pour
monter la cavalerie. Aujourd'hui que les en-
jeux de la victoire sont si chers, les succès
ne sont ni plus brillans ni plus décisifs; les
résultats de la guerre n'ont point changé.
C'est toujours, même pour les vainqueurs,
du sang, des larmes, des impôts. Si l'on con-
sidère les conséquences politiques du ren-
chérissement des dépenses que coûtent ces
luttes cruelles, on trouvera qu'elles ne sont
pas moins fâcheuses. Ce sont ces frais, devenus énormes, qui donnent à l'Angleterre
une influence prépondérante sur les destinées du continent, dont la nature l'avoit
séparée. Depuis que le fer ne suffit plus
pour se battre, et que l'or est devenu nécessaire, les nations européennes sont dans
la dépendance de ce gouvernement possesseur de tant de trésors. Aussi, de son
île inaccessible, lâche-t-il, quand il lui
plaît, comme Eole de sa caverne, les ou-
ragans dévastateurs. Cet état de choses est
humiliant; mais on ne peut en sortir que
par le crédit qui met à la fois en action

toutes les richesses inertes du présent, et toute la puissance de l'avenir; la loyauté ne suffiroit pas pour le fonder, si l'on n'y joignoit l'économie dans les branches si diverses et si nombreuses du service public ; mais l'économie est une chimère sans la moralité des agens chargés de surveiller les dépenses. Sans cette condition indispensable, les peuples s'épuisent inutilement, et les revenus les plus considérables s'engloutissent dans un abîme sans fond : c'est dans ce gouffre que se sont perdus tant de millions arrachés aux habitans paisibles de la fertile Ausonie, à ceux de la Hollande industrieuse, tant de millions ajoutés aux milliards des confiscations que la révolution avoit dévorés en France.

Lorsque les révolutionnaires eurent complété le bouleversement général, en détruisant le fantôme de la monarchie constitutionnelle, lorsque l'organisation sociale eut été dissoute sans être remplacée, les passions et les vices se montrèrent dans l'état de nature, c'est-à-dire dans leur nudité hideuse. Ils étoient rompus ces freins salutaires, sans les-

quels les lois ne seroient pas en état de contenir les hommes, la religion , la bienséance , le
respect humain , le désir de la considération
qui ne s'obtient que par le mérite soutenu.
L'incrédulité ayant retranché des espérances
celle d'une autre vie, la meilleure garantie
de la vertu, on n'attachoit plus de prix
qu'aux jouissances du moment, et encore à
des jouissances grossières et sans délicatesse ,
comme ceux que la fortune aveugle avoit
mis à portée d'y prétendre. L'argent,
moyen assuré d'obtenir tout ce qui n'est pas
noble, étant l'objet du culte général, et
rien de ce qui pouvoit en procurer n'étant
réputé coupable, voler l'Etat devint un
métier, une profession avouée et reconnue ,
comme s'il s'étoit agi d'exploiter une
nouvelle branche d'industrie. Beaucoup
d'hommes sans principes s'adonnèrent à
ces spéculations honteuses. Ils se divisèrent
en plusieurs associations, ou plutôt en diverses bandes. L'une, désignée sous le nom
trop fameux de *bande noire*, s'occupa exclusivement du trafic des domaines nationaux : pour le rendre plus profitable, elle
provoquoit la spoliation des familles, cher-

choit à découvrir les biens des émigrés qui avoient pu échapper au fatal effet de la proscription, les soumissionnoit, se les faisoit adjuger à vil prix, au moyen d'une connivence coupable avec les administrateurs ou avec leurs bureaux ; puis elle abattoit les châteaux et les futaies, vendoit les plombs et les fers ; et quand les termes de paiement arrivoient, au lieu de les acquitter, elle se laissoit condamner à la folle enchère, enchère bien folle en effet, non de la part des brigands qui s'enrichissoient aux dépens de l'innocence, mais de la part d'une nation en délire, qui, ne sachant pas même tirer parti d'une confiscation inique, trouvoit le secret de faire à la fois une sottise et une injustice.

D'autres bandes, celles dont je dois m'occuper dans ce moment, comprenoient les fournisseurs. Si on les désignoit ainsi, ce n'est pas qu'ils eussent des denrées à fournir : ils n'en avoient pas plus que d'argent, pas plus que de crédit ; ils pouvoient s'en passer. Pour être chargé d'un service public, il suffisoit d'avoir des parens ou des amis dans les nombreuses administrations, encore

mieux parmi les chefs du gouvernement.
Cela tenoit lieu de tous les titres et de toutes
les garanties. Mais si l'on joignoit à cet
avantage un peu d'adresse, beaucoup d'audace, un mépris cynique pour la religion,
une envie haineuse contre les nobles, surtout si l'on offroit d'entrer en partage des
profits avec les gens en pouvoir, la carrière
la plus étendue s'ouvroit devant ces bas am-
bitieux; ils pouvoient prétendre à tous les
dons de la fortune. Etrange effet du malheur
des temps! Des hommes, sans talens et
sans éducation, avoient découvert un secret
important, l'équivalent de la pierre philosophale; de rien, ils tiroient la richesse; ils
s'agitoient, intriguoient; ils tenoient des
registres; ils présentoient des comptes; ces
comptes étoient apurés, visés, vérifiés, li-
quidés; et lorsque toutes ces opérations,
dans lesquelles il n'y avoit de réel que ce
qu'elles coûtoient à l'Etat, étoient consommées, ils trouvoient, sans avoir rien déboursé,
de l'or, et beaucoup d'or, au fond du creuset.
Tous ces parvenus jouissoient, sans modé-
ration, d'une opulence acquise sans travail :
l'insolence de leur luxe insultoit à la misère

publique ; leurs femmes, vêtues des tissus les plus précieux de l'Inde et de la Perse, étoient couvertes de pierreries ; leurs brillans équipages serroient contre la borne le rentier affamé, menaçoient d'écraser les enfans du *condamné* dont ils possédoient les terres.

Dans presque toutes ces entreprises de fournitures, on suivoit la même maxime : « Tromper sur la quantité, frauder sur la » qualité. » C'étoit le *principe*. Les moyens seuls différoient ; ils varioient à l'infini : si les plus communs étoient lesfausses écritures et les livraisons supposées, les autres modes de déception n'étoient pas négligés. Quelquefois même les sciences et les arts, qui ne devroient jamais être employés à de tels usages, étoient appelés à seconder ces manœuvres criminelles. Ainsi, l'on inventa certains procédés, au moyen desquels le pain devenoit plus lourd, sans qu'on eût besoin d'augmenter la quantité de farine, et sans qu'il parût moins cuit. La surabondance d'eau que la pâte retenoit, rendoit, il est vrai, cette nourriture malsaine ; mais c'étoit l'affaire des soldats, qui le mangeoient. L'entrepreneur étoit en règle : le pain avoit le poids, et il étoit payé. Une application moins heureuse de la physique, ou, si l'on veut, de la chimie, fut celle que l'on tenta sur la chaussure des soldats. On imagina de coller les semelles des souliers, pour épargner au fournisseur les frais de couture, et de remplacer, en partie, le cuir par du carton. Cela réussit à la vue; plusieurs milliers de paires de ces souliers économiques furent livrés et reçus : malheureusement, la première fois que les militaires qui les portoient traversèrent un marais, ils en sortirent pieds nus.

De pareilles expériences étoient hasardeuses, et quelquefois elles n'avoient point de succès. Mais lorsque la réussite d'une opération frauduleuse ne dépendoit que de la collusion des chefs, il est triste de le dire, elle étoit presque infaillible. Une des friponneries les plus communes se pratiquoit pendant la marche des troupes, et l'on sait que ces occasions se renouveloient fréquemment. Lorsqu'un régiment s'arrêtoit dans un bourg, ou dans une ville ouverte, souvent on faisoit manquer à dessein l'étape. Le soldat étoit nourri par l'habitant ; mais on supposoit que le munitionnaire avoit fourni les vivres, et l'Etat les payoit. Dans les garnisons, ainsi que dans les camps, on étoit en général plus circonspect ; la surveillance étant plus grande, on eût craint de se compromettre, surtout en excitant les plaintes fondées des soldats par les mauvaises fournitures qui leur eussent été personnelles : on se rejetoit donc sur la nourriture des chevaux. On trompoit sur la qualité du fourrage, on diminuoit de beaucoup la ration Des foins pourris, de l'avoine échauffée, altéroient sensiblement la santé de ces animaux dont la guerre et la paix ne sauroient se passer. C'est, avec raison, que l'on suspecte l'humanité de ceux qui exercent de mauvais traitemens contre cette partie muette, mais sensible, de la création : c'est parce qu'elle ne peut que gémir, et non réclamer, qu'il y a quelque chose de vil et de lâche dans ce genre de cruauté. Les cavaliers voyoient cependant, avec un vif chagrin, dépérir les compagnons de leurs périlleuses fatigues, ces coursiers qui les avoient aidés à les supporter, qui peut-être leur avoient sauvé la vie, ou qui leur avoient épargné une captivité pire que la mort; mais ils n'avoient que la voix de la remontrance, et souvent l'intérêt les empêchoit d'être écoutés. Sortons de ces écuries d'Augias.

Si toutes les déprédations paroissent également coupables au tribunal d'une rigoureuse probité; si le crime de s'approprier le bien d'autrui n'est excusable, ni suivant les préceptes de la religion, ni suivant les lois de l'équité, il n'en est pas moins vrai que les résultats prévus de ces actes pervers leur donnent un caractère plus ou moins odieux : on doit placer au premier chef tous ceux qui ont une funeste influence sur la vie, ou seulement sur la santé des citoyens. Or, à l'époque dont je parle, l'esprit de fraude avoit pénétré jusque dans ces asiles de la douleur, que l'humanité et l'intérêt des gouvernemens préparent aux victimes de leurs querelles sanglantes. En vain, les réglemens les plus détaillés avoient-ils déterminé, avec une minutieuse précision, les dimensions, le volume, le poids de toutes les fournitures des hôpitaux; l'entrepreneur trouvoit toujours le moyen de donner des

lits plus courts, des matelas moins épais,
des couvertures moins chaudes. Bien plus,
celui qui fournissoit les médicamens se faisoit rarement scrupule de livrer les qualités
les plus inférieures, les rebuts des phar-
macies, quelquefois même des drogues
adultérées ou gâtées au point d'être dangereuses. Les chirurgiens étoient alors réduits
à la cruelle alternative de tuer les malades,
ou de les laisser mourir. Je me hâte de quitter
un sujet si pénible, et qui pourroit fournir
des exemples de cupidité aussi multipliés
que différens : car les chances opposées de
la guerre servoient également les vues inté-
ressées de ces hommes sans honneur et sans
honte : ils savoient exploiter la défaite aussi
bien que la victoire. Lorsqu'on prenoit des
villes, des provinces, on exigeoit plus de
vivres qu'il n'en falloit pour la subsistance
des troupes ; l'excédant étoit vendu. Quand,
au contraire, on évacuoit une place, on
forçoit les habitans d'acheter les magasins ;
mais le prix n'entroit point au trésor : on
supposoit que tout étoit tombé au pouvoir
de l'ennemi. Enfin, la mort étoit le digne
auxiliaire de ces criminelles associations ;

elle appuroit bien des comptes. Les remontes arrivoient, à point nommé, la veille d'une affaire sanglante ; et, par une singulière fatalité, la plupart des soldats tués venoient d'être habillés de neuf, tandis que ceux qui leur avoient survécu n'avoient que des vêtemens déchirés.

Ici une réflexion se présente : Comment se pouvoit-il que des friponneries si nombreuses, tellement insignes, ne fussent point aperçues par les chefs chargés de les réprimer ? Et s'ils en avoient connoissance, comme on est forcé de le croire, comment l'honneur n'étoit-il pas assez puissant pour les retenir dans la ligne du devoir et de la délicatesse ? Avant de répondre à cette question, je m'empresse de remarquer , et cette vérité est consolante , que l'immoralité n'étoit pas universelle. Je me plais à rendre justice à un assez grand nombre d'officiers de tout grade et de toutes armes, qui sont restés purs et intègres au milieu de la corruption ; cette conduite, sans tache, est d'autant plus recommandable, qu'ils ont su résister à la contagion de l'exemple.

Maintenant si vous cherchez à découvrir

la cause du changement, aussi soudain que
funeste, qui s'est opéré dans une armée
dont l'Europe entière admiroit la générosité
et le désintéressement, vous trouverez qu'il
provient de ce que le corps des officiers
n'appartenoit plus à cette classe, ou si l'on
veut à cette caste, à qui l'honneur hérédi-
taire imposoit des devoirs plus rigoureux.
Parmi ceux qui les remplacèrent, beaucoup
croyoient que la bravoure tient lieu de
toutes les qualités; qu'elle autorise même
tous les excès. On avoit donc, grâce
aux progrès des lumières, rétrogradé d'environ douze siècles, et jusqu'au temps des
Huns, des Goths et des autres hordes enva-
hissantes, dont telles étoient les maximes.
Mais après cet âge de barbarie, étoient venus
les chevaliers aux nobles sentimens, amans
désintéressés de la gloire, protecteurs de la
foiblesse, défenseurs de l'innocence : leurs
descendans, les gentilshommes français,
sans avoir toutes leurs vertus naïves, n'a-
voient point dégénéré ; toujours on les a
vus, généreux dans le succès, respecter
les propriétés des vaincus, protéger le
courage malheureux, tandis que presque

tous les hommes de la révolution ont pillé les étrangers et volé la nation.

Les ressorts secrets de la machine sociale sont encore bien peu connus; et l'on peut faire, à chaque instant, des découvertes intéressantes dans l'anatomie du corps politique. Ainsi, l'on savoit depuis long-temps que la noblesse est nécessaire dans les monarchies, ou plutôt dans tous les grands Etats, sous des rapports d'ordre, d'émulation et de stabilité; mais il falloit la grande et terrible expérience de la révolution française, pour montrer que cette institution avoit des avantages non moins importans sous le point de vue économique. Il est prouvé aujourd'hui qu'elle présente une barrière insurmontable aux déprédations militaires; et les choses sont si mal arrangées, que, même pendant la paix, ces dépenses sont les plus chères de toutes celles que font les Etats modernes. Mais ces hommes si utiles, si nécessaires, ces nobles, sont-ils donc d'une espèce particulière? Le limon dont ils sont pétris est-il d'une pâte plus raffinée? Enfin, lorsque leurs races s'éteignent, ne sauroit-on les remplacer? —

Rien n'est plus facile. Le prince, en conférant la noblesse, exalte les sentimens de celui qu'il élève à ce rang envié : dès lors ne craignez pas qu'il se montre indigne de ses nouveaux collègues; il cherchera plutôt à les surpasser. Et ne voyez-vous pas tous les jours que l'on fait, d'un soldat timide , un intrépide guerrier, en le plaçant dans une compagnie de grenadiers? Un morceau de parchemin , un bonnet de peau d'ours , voilà des moyens de transmutation bien simples; ils sont immanquables. Ces conscriptions d'honneur se lèveront toujours bien aisément dans notre noble patrie ; et pour en donner une preuve qui me rapproche de l'objet que j'ai principalement en vue dans cette discussion, je rappellerai que les officiers de fortune étoient, avant la révolution, aussi incapables de faire une bassesse que le jeune seigneur qui commandoit le régiment.

J'ai parcouru une longue carrière, et je n'ai cependant encore parlé que des fraudes qui se commettoient dans une des branches de l'administration. Dans les autres, les déprédations étoient également et nom-

breuses et d'une inconcevable audace. Ainsi,
il paroît certain qu'un grand amas de mu-
nitions navales, renfermées dans un de nos
arsenaux, fut d'abord volé aux trois quarts,
et que l'on mit le feu au reste, excellent
moyen de couvrir le déficit. Jamais l'Etat
n'en a retiré que les cendres. Les travaux
publics étoient encore une source inépui-
sable d'abus et de fraudes : il y avoit tel
département où l'argent que le trésor dé-
boursoit pour ces objets d'utilité première
se divisoit en trois portions à peu près
égales; les entrepreneurs, et ceux dont le
devoir étoit de les surveiller, mais qui ai-
moient mieux partager leurs profits illicites,
avoient chacun un tiers : il n'y avoit donc
de fonds employés réellement aux ouvrages,
que la troisième partie de ce que payoient
les peuples. Singulier rapprochement : c'é-
toit exactement dans la même proportion
que l'Etat venoit de voler ses créanciers !
Quand il n'y a plus de morale publique,
comment espérer de la probité chez les individus ? Dans le ministère des finances, les
fournisseurs se retrouvent encore; et l'on
pourroit s'en étonner, car ils n'avoient,

j'en ai déjà fait l'observation, ni argent, ni crédit : aussi ne fournissoient-ils que des illusions, du papier sans valeur. Ils donnoient des lettres de change sur des maisons étrangères supposées ; ces traites revenoient cependant acceptées ; il n'en coûtoit que les frais de poste d'un commis qui faisoit exprès le voyage. Le trésor les négocioit. Il falloit, en conséquence, qu'il en fît les fonds aux tireurs avant l'échéance ; mais ces honnêtes négocians gardoient l'argent, et la maison éphémère d'Hambourg, ou d'Amsterdam, qui avoit accepté, rentroit dans le néant, au lieu de payer. Cependant le gouvernement français revenoit contre le fournisseur : celui-ci, qui s'y étoit attendu, choisissoit entre deux partis : ou il s'esquivoit, ou il présentoit, en compensation, des prétentions énormes pour des créances fictives dont il demandoit la liquidation et le paiement. Ces négociations frauduleuses ont coûté un assez grand nombre de millions à l'Etat.

Dans un ouvrage d'une nature moins sérieuse, j'aurois pu présenter au lecteur des escroqueries moins importantes, mais d'un genre plus amusant, quelques-unes même si plaisantes, que Molière n'eût pas dédaigné de les mettre sur la scène, en même temps qu'il eût couvert d'un ridicule ineffaçable les travers de nos nouveaux enrichis. Mais en exposant au grand jour les désordres qui régnoient à cette époque désastreuse, je me suis proposé un but politique et moral. J'ai espéré que le tableau fidèle des tristes résultats de nos erreurs deviendroit un préservatif qui nous en garantiroit à l'avenir; j'ai même porté plus loin mes espérances : j'ai cru qu'il ne seroit pas inutile de le présenter comme un avertissement salutaire, aux peuples chez qui le désir du changement produit en ce moment une dangereuse fermentation. Je sais que les novateurs qui les excitent, se persuadent, dans leur orgueil, qu'ils sauront bien leur faire éviter les fautes dans lesquelles nous sommes tombés. Je sais encore qu'ils les attribuent exclusivement à la légèreté, au peu de solidité de notre caractère. Mais qu'ils ne s'y trompent point, la méprise seroit fatale. Notre folie, toute notre folie a été de vouloir une révolution; tout le reste n'est qu'un enchaînement de conséquences. Dans tous les pays, lorsque le cocher est renversé, les chevaux s'emportent, et la voiture se brise. Assurément, personne ne fait aux Anglais ce reproche de légèreté; ils passent, au contraire, pour de profonds penseurs. Hé bien, lisez leur histoire du temps des Niveleurs : dès que la nation eut brisé les liens de la subordination, sans lesquels aucune société ne peut exister, l'Etat fut rempli de troubles et de confusion; le sang des citoyens coula, et bientôt les absurdités les plus révoltantes conduisirent au plus grand des forfaits. Si Cromwell termina cette révolution démocratique, sans que le peuple anglais ait subi, comme nous, dans de longues guerres étrangères, la peine de sa frénésie, c'est que cet usurpateur n'ajoutoit pas, ainsi que Buonaparte, la manie des conquêtes à l'ambition de régner; et, d'ailleurs, Louis XIV étoit là avec ses généraux pour défendre l'Europe. Nous ne contestons point aux nations de race tudesque la gravité et surtout le poids; mais il est permis de croire que la terre classique de la psychologie, le berceau des illuminés, n'offre pas plus de garanties de

6

raison et de sagesse, que la patrie des Colbert, des d'Aguesseau, de tant d'hommes
d'Etat illustres et de grands magistrats. Que
tous les peuples craignent donc de se laisser
entraîner par le chimérique espoir d'améliorations soudaines, espoir que l'événement ne
justifie jamais, par le désir d'une perfection
dans la forme du gouvernement, à laquelle
notre nature si imparfaite ne sauroit atteindre.
Il suffit que la situation d'une nation soit sup-
portable, pour que toute tentative de la changer par une secousse soit une criminelle folie.
La dernière coalition nous a fait payer cher
notre seconde délivrance. Si l'on est sage,
le prix de notre rançon servira à réparer les
ravages que des guerres si longues et si
cruelles ont causés, à féconder les germes
d'industrie qui percent de toutes parts, à
étendre au loin le commerce, qui rapproche
et qui adoucit les hommes. Mais les spéculations honnêtes ne peuvent prospérer
qu'avec l'heureux concours de l'union au de-
dans et de la tranquillité extérieure. Qu'elles
règnent donc enfin sur tous les Etats, les
divinités paisibles ! Que le génie, le démon
des discordes civiles, soit enchaîné au pied

de l'autel de la paix générale.; et que les vieux jours de cette génération si malheureuse, si agitée, s'écoulent dans la concorde et le repos !

L'âge d'or des fournisseurs finit avec le directoire. Le règne de Buonaparte devint pour eux l'âge de fer : lorsqu'il parvint au pouvoir suprême, il connoissoit leurs pratiques si notoirement criminelles, leurs fraudes scandaleuses ; il chercha à les réprimer, et il y réussit en partie, parce qu'il rappela dans l'administration quelques hommes probes et intègres, que la révolution en avoit écartés. Il fallut dès lors plus de précautions et de ruses pour voler l'Etat ; mais ce qu'on épargnoit d'un côté, il le perdoit de l'autre, parce qu'avec des idées d'ordre, il n'avoit aucun sentiment de justice, aucune notion de crédit. Cet homme, dont la tête se montra quelquefois si forte, pécha toujours par le cœur ; non seulement il trompoit sans scrupule, mais il aimoit à tromper. Or, pour un prince, c'est de tous les goûts le plus dispendieux ; car, c'est surtout en finances que cet adage vulgaire : « La tricherie en revient à son maître », reçoit son application. Buonaparte étoit maître passé dans cet art misérable, qui bientôt retombe sur celui qui l'exerce. On peut remarquer, sous son règne, une ressemblance frappante entre la condition des fournisseurs et celle des juifs dans le moyen âge. Même arbitraire, même avilissement, mêmes exactions ; seulement, comme les mœurs étoient moins féroces, cette fois, on ne pendit personne. Mais le despote mettoit et retenoit illégalement en prison ceux des fournisseurs dont on lui dénonçoit les grandes richesses ; il les condamnoit, sous les plus frivoles prétextes, à d'énormes restitutions, ou plutôt à des amendes, puisqu'on n'observoit avec eux aucune forme judiciaire ou administrative. Il n'avoit aucun égard aux services passés, au besoin qu'il pourroit avoir d'eux dans la suite : car, il faut savoir que dans cette multitude d'intrigans que l'on nommoit Fournisseurs, il y avoit pourtant quelques négocians estimables qui jouissoient au dehors d'un très-grand crédit : un, entre autres, et il ne fut pas le moins persécuté, qui, dans un temps de disette, avoit fait venir, à lui seul, plus de trois cents navires chargés

de blé, et cet approvisionnement avoit pré-
venu la famine, qui menaçoit plusieurs provinces. Toutes ces vexations ne tomboient
pas seulement sur ceux qui avoient contracté
avec le gouvernement ; par une conséquence
nécessaire, elles portoient encore sur leurs
nombreux créanciers, très-innocens des malversations que l'on reprochoit à leurs débiteurs. Ainsi, ces espèces de représailles
s'étendoient, comme toutes les mesures de
ce genre, à ceux que l'on ne vouloit point
punir. Voilà l'origine des faillites multipliées
qui eurent lieu à cette époque, et des sui-
cides qui en furent la suite déplorable.

Le résultat d'une conduite aussi inique
que malhabile étoit aisé à prévoir. Buonaparte éloigna successivement des différens
services de fournitures et d'entreprises tous
ceux qui avoient une fortune acquise, et assez
de prudence pour ne pas vouloir la compromettre dans un genre de spéculation aussi
hasardeux. La stagnation du commerce maritime étant complète, plusieurs négocians se
seroient empressés de placer leurs fonds dans
des opérations qui n'ont en elles-mêmes rien
que d'honorable ; leur concurrence et celle

des autres capitalistes auroient établi un taux
modéré. Mais il étoit impossible que des personnes solvables s'exposassent à n'être jamais
payées de leurs avances, ou, ce qui revenoit
presqu'au même, à être rejetées dans une,
de ces consolidations forcées qui couronnoient
chaque année le budget impérial ; comme il
n'y avoit pas assez de places pour tout le monde,
elles se payoient cher : et cependant on ne
rougissoit pas de consolider à cinq, et même
à trois pour cent, ces créances exigibles,
lorsque, dans le commerce, on ne trouvoit pas
d'argent au dessous de douze pour cent. Enfin,
dans toutes ces affaires, il n'y avoit qu'une
chose certaine, et sur laquelle on pût comp-
ter, c'est que les engagemens, pris au nom
de l'autorité publique, ne seroient pas res-
pectés par elle, pas plus pour le mode que
pour les échéances du paiement. Tant de
fautes coûtoient prodigieusement à l'Etat :
car le prix des denrées dont il avoit besoin
augmentoit nécessairement, pour lui, dans
la proportion des risques. C'est la loi commune des assurances. Or, la déloyauté du
gouvernement étoit tellement avérée, que la
prime d'assurance contre lui étoit montée

au taux énorme de trente pour cent. Oh
honte! c'étoit plus que l'on ne prenoit contre
les corsaires ! Et quelle perte pour les con-
tribuables, puisque les fournitures de toute
espèce dépassoient chaque année la somme
de trois ou quatre cents millions. Voilà comme
l'injustice et l'impéritie ruinent les nations!

Voulez - vous savoir maintenant quels
effets de pareils exemples produisent sur
les mœurs et les opinions des individus ?
Hélas! ils excusent bien des fautes , ils au-
torisent tous les désordres; on conçoit que ,
parmi tant de fraudes et de malversations ,
quelques unes devoient être dénoncées et
punies , surtout lorsque ceux qui les commettoient n'avoient pas le moyen d'acheter
de puissantes protections. Les excuses qu'ils
alléguoient pour se justifier , les motifs qu'ils
présentoient pour demander grâce , ou l'a-
doucissement de la peine à laquelle ils
étoient condamnés , sont autant d'accusa-
tions graves contre la révolution, que l'histoire recueillera. Il y avoit des passages
curieux dans ces requêtes en grâce ; par
exemple, un employé condamné à quelques
années *de fers* pour avoir délivré de faux

certificats, s'exprimoit à peu près dans ces termes : « Monseigneur, écrivoit-il au mi- » nistre de la justice, si j'avois eu, comme » votre grandeur, des gendarmes à ma dis- » position, j'aurois fait rendre au gouver- » nement ce qu'il m'a pris par son arrêté » de l'année dernière (et l'on citoit l'arrêté » et les preuves de la perte essuyée); je ne » me serois pas alors trouvé réduit à l'ex- » trémité, toujours fâcheuse pour un galant » homme, de reprendre ce qui m'a été en- » levé. » Un autre plus généreux envoyoit une liasse de pièces qui prouvoient que la nation lui avoit fait tort d'une somme con- sidérable, en refusant de liquider, faute de formalités que les anciennes lois n'exi- geoient pas, une créance qu'il avoit sur un riche émigré dont on avoit vendu les terres. « Monseigneur, disoit-il, je demande que » mon compte soit établi, et je m'engage à » démontrer qu'il me revient légitimement » beaucoup plus que je n'ai pris. J'aban- » donne tout le reste à l'Etat. » Il étoit im- possible d'absoudre de tels hommes; la loi les condamnoit, la délicatesse réprouvoit les abus de confiance dont ils s'étoient rendus coupables ; mais tous les principes de droit et de morale étant méconnus, et les dénis de justice évidens, n'étoient-ils pas, jusqu'à un certain point, excusables de se regarder comme revenus à l'état de nature qui permet le talion ? Ce sont sans doute ces considérations d'équité qui ont fait mitiger, dans le nouveau code, les peines précédemment portées contre cette espèce de faussaires. Ils s'étoient multipliés d'une manière si effrayante, que, suivant l'opinion de plusieurs criminalistes éclairés, bien plus de faux avoient été commis pendant les dix dernières années du dix-huitième siècle, que pendant les quatre-vingt-dix qui les avoient précédées ; et encore on n'y comprenoit sûrement point tous ceux dont les certificats de résidence et de civisme ont été l'occasion, car le nombre total surpasseroit alors tous les délits de ce genre qui se sont commis depuis le commencement de la monarchie : et je ne parle pas des parjures, les plus honteux de tous les crimes de faux.

Je ne me suis occupé jusqu'ici que d'une portion des créanciers de l'arriéré : des fournisseurs. Ils excitent en général peu

d'intérêt, et je ne crois pas l'avoir augmenté , en présentant le tableau trop
fidèle des manœuvres criminelles dont plusieurs se sont rendus coupables. Mais lorsqu'une profession presqu'entière, qui n'a
rien que d'honnête en soi, est devenue
odieuse, et qu'elle est avilie , la faute en
est au gouvernement qui souffre , parmi
ceux qui l'exercent , des abus qu'il devroit
réprimer. Il en a été pendant long-temps
ainsi d'une classe de gens de loi , dont les
fonctions sont non seulement utiles , mais
honorables : pendant bien des années , les
procureurs furent l'objet banal des sar-
casmes de tous nos beaux-esprits : nombre
de fois les auteurs comique sont exposé, sur
la scène, leur rapacité à la risée publique.
Hé bien, déjà avant la révolution , quelques
réglemens sages et bien observés, une dis-
cipline intérieure juste et sévère , avoient
suffi pour les réhabiliter dans l'opinion. Il
doit en être de même des fournisseurs : le
genre de commerce auquel ils se livrent n'a
rien de plus ignoble que celui des individus
de tout rang et de toute profession , qui
vendent, pour un prix convenu d'avance ,

les fruits de leurs héritages , ou de leur industrie. L'avocat fournit son plaidoyer, le médecin son ordonnance , et le plus noble des grands propriétaires ne dédaigne pas de traiter avec la marine pour lui fournir les bois de ses forêts et les fers de ses forges.

Il est évident que le préjugé actuel contre cette profession tient à la manière dont elle est exercée : car on a vu , sous le règne de Louis XV , des munitionnaires jouir à la cour et à l'armée d'une considération méritée. Il est du plus grand intérêt pour la morale publique aussi bien que pour l'économie dans les dépenses de l'Etat , que cette classe soit relevée dans l'opinion. C'est le seul moyen d'y faire entrer des hommes qui aient de l'honneur, des capitaux et des talens , conditions indispensables , pour que ces grandes spéculations soient avantageuses aux intéressés , sans être onéreuses à l'Etat; mais cet heureux résultat ne peut être espéré qu'autant que le gouvernement sera fidèle à ses promesses , exact à tenir ses engagemens. Qu'il le soit donc aujourd'hui, car le présent est le seul garant de l'avenir. Confondons . dans notre impartiale justice,

toutes les créances de la dette exigible ;
comme on est déjà convenu de payer uni-
formément le chaos de la dette constituée,
sans être arrêté par l'inégalité du titre des
porteurs, par la perte immense des uns,
par le profit exorbitant des autres. Ainsi,
nous traiterons de même, et ceux qui ont
fourni des denrées, et ceux qui, dans diverses fonctions, ont fourni leur travail et
leurs soins ; ces derniers sont en bien
grand nombre. Il faut l'apprendre à ceux
qui pourroient l'ignorer : les embarras mé-
rités où l'ancien gouvernement s'est trouvé,
sa coupable négligence, ont rendu créanciers de l'arriéré une foule de magistrats,
d'administrateurs, d'employés, de curés,
d'humbles desservans au plus modique traite-
ment ; tout ce qui leur est dû monte à beaucoup de millions. En s'acquittant avec eux,
on n'éprouvera, sans doute, aucune inquié-
tude sur la légitimité de la dette. L'homme
juste et sensible voudroit au contraire pouvoir les dédommager par des indemnités de
la gêne, pour plusieurs même, de la misère
à laquelle de si longs retards de paiemens
les ont réduits. Mais, quant à la crainte de

payer aux autres créanciers des sommes dont ils n'auroient pas fourni, en tout ou en partie, la valeur, je dois dire qu'elle est beaucoup moins fondée qu'on ne le croit communément. Et d'abord, les pertes causées à l'Etat par les scandaleuses déprédations dont j'ai présenté les détails, sont consommées depuis long-temps sans retour; en second lieu, sous le gouvernement impérial, la régularité fut rétablie dans la comptabilité, et une surveillance sévère fut introduite dans presque toutes les parties de l'administration, non au profit des peuples, mais pour le compte du despote qui les opprimoit. Buonaparte réprima, comme je l'ai déjà observé, un grand nombre de fraudes qui se faisoient au détriment du trésor; cela lui étoit d'autant plus aisé, qu'il n'étoit arrêté par aucunes formes, même par celles qu'il avoit établies la veille, et qu'il lui étoit indifférent d'atteindre l'innocent en même temps que le coupable. On eût dit qu'il vouloit faire de la déloyauté un monopole, dont il se réservoit exclusivement l'exploitation.

Cependant tant de guerres lointaines, de voyages et de déplacemens causèrent des désordres inévitables dont l'immoralité n'a pas manqué de profiter; des invasions si rapides, des retraites souvent fort précipitées, ont dû servir de voile à bien des malversations. Mais comment distinguer le faux du vrai, lorsque toutes les formes ordonnées par les réglemens ont été exactement remplies ? Rejeter sur des soupçons, c'est perdre tout crédit. Quel contraste ! En Angleterre, dans cette terre classique de la finance, la banque paie les billets faux qui lui sont présentés de bonne foi, de peur de discréditer son véritable papier. Mais est - il donc nécessaire d'offrir à des honnêtes gens des motifs d'intérêt, des considérations politiques, lorsque la morale prononce ses irrévocables arrêts? Hé quoi ! juges ou jurés, vous frémiriez à la seule idée de condamner, sans des preuves convaincantes, un accusé contre lequel s'élèvent de fortes présomptions, et vous ruineriez sans scrupule des familles entières, parce que leurs créances vous paroissent suspectes ! Soumettez-les, tel est votre droit, ou plutôt votre devoir, à des examens rigoureux dont vous chargerez des hommes d'une intégrité

reconnue. Faites mieux, placez ces liquidations sous la surveillance immédiate des
Chambres ; c'est ce que le gouvernement
propose, dans sa loi de finances, à l'égard
de la caisse d'amortissement. L'opinion publique verroit, avec encore plus de satis-
faction, établir, pour l'arriéré, un comité
de révision composé de personnes au dessus
du soupçon. Mais, je le répète, ces examens
une fois terminés, ces épreuves subies, il
n'y a plus à revenir : payez. Agir autrement,
c'est retomber dans l'arbitraire; et l'on sait
que, s'il est toujours fâcheux pour les ad-
ministrés, il finit par perdre les imprudens
qui n'ont pas d'autre appui.

Il ne me reste plus qu'à examiner la question si débattue du mode de paiement de
l'arriéré. Mais remarquons, avant tout, que
les gouvernemens devroient montrer une
probité d'autant plus scrupuleuse envers
leurs créanciers, qu'ils ont sur eux un pouvoir sans appel; enfin, qu'ils sont véritablement juges et parties. Dans une pareille
situation, un homme délicat se condamne
pour peu qu'il y ait le moindre doute. Jusqu'à présent, au contraire, on ne s'est

servi, en France, du pouvoir dans ce genre que pour en abuser. Tant que l'on suivra cette fausse ligne de conduite, les conséquences seront les mêmes : pénurie du trésor, appauvrissement des peuples. Les impôts seront excessifs, et l'Etat n'en sera pas moins obéré. Mais songe-t-on bien aux circonstances aggravantes qui accompagnent les faillites publiques ? Lorsqu'un particulier fait une banqueroute frauduleuse, ses créanciers peuvent, le plus souvent, se reprocher un excès de confiance imprudente excitée par l'appât du gain. Quand c'est le gouvernement qui trompe, on n'a point cette triste consolation de s'en prendre à soi-même. Lorsque l'autorité protectrice des droits de tous donne l'exemple de l'injustice, lorsque le pouvoir à qui la société a confié la direction de toutes les forces en fait un tel abus, c'est comme si la patrouille faisoit feu sur les honnêtes gens : on gémit, on est consterné.

Aussitôt que la justice, si long-temps exilée, reparut en France avec les Bourbons, le gouvernement royal s'empressa de proclamer le retour de la loyauté, base de

tout crédit. C'étoit assurément les·sentimens
personnels du souverain que le ministre
exprimoit : il annonça que le service des
arrérages de la dette constituée seroit fait
exactement aux échéances, et il tint parole.
Quant aux créanciers de la dette exigible,
les fonds manquans, comme aujourd'hui ,
pour s'acquitter envers eux·, on leur donna
des effets à terme de la valeur *intégrale* de
leurs créances (1). Je ne veux point traiter
ici la question relative à l'assignation du
gage, que je suis loin d'approuver ; je n'examine que la nature de l'effet négociable qui
fut donné en paiement. Le ministre , avec
l'intention d'être juste , avoit pris une fausse
base pour déterminer la fixation des intérêts Il avoit attaché à ses obligations huit
pour cent d'intérêts annuels, parce que les
placemens en rente sur l'Etat rapportoient

-----

(1) Par une fatalité qui semble attachée depuis le commencement de la révolution au malheur non mérité, les
créanciers du Roi et des Princes sont les seuls qui n'ont
point participé à ce bienfait du retour à la justice et à la
loyauté. On les a payés *nominalement* en rentes au pair, et
les créanciers de Bubnaparte *intégralement*. Si l'on eût fait le
contraire, que de plaintes se seroient élevées !

à peu près autant à l'époque où il fit son plan. Mais c'étoit commettre une erreur grave que de choisir pour terme fixe le cours de la bourse, la plus mobile de toutes les choses variables. Dans les deux heures que dure la bourse, le cours de la rente varie souvent de 2 et 3 fr., c'est-à-dire, au cours actuel, de près de quatre à six pour cent, et l'on a vu plusieurs fois, dans l'espace de quinze jours, des différences de plus de vingt pour cent. Cette extrême instabilité n'est pas accidentelle; elle tient à la nature de l'établissement. Tout influe sur l'atmosphère du temple de l'agiotage : les craintes pusillanimes, les espérances d'une cupidité exaltée par le succès, les spéculations étrangères, les nouvelles vraies ou controuvées; tout, depuis l'événement le plus important jusqu'au bruit le plus absurde. Aussi le baromètre s'y tient constamment au variable; jamais, quelque favorables que soient les apparences, il ne marquera le beau fixe. En supposant donc qu'au moment où la loi du budget eût été rendue, le cours de la rente fût toujours resté le même, ce qui étoit déjà bien peu vraisemblable, cela n'assuroit en rien le sort des créanciers, puisqu'ils ne recevoient leurs obligations que quand leurs liquidations étoient consommées. En adoptant cette base, il falloit, pour être conséquent, attacher un intérêt différent à chaque créance, suivant le cours à l'instant du paiement. Si la rente étoit tombée à cinquante, il falloit donner dix pour cent d'intérêt; si elle étoit, au contraire, à soixante-quinze, le créancier n'avoit droit qu'à six deux tiers. Mais on ne parviendroit pas même de cette manière à donner à chacun exactement ce qui lui revient : quelque court que soit le trajet entre la trésorerie et la bourse, celui qui auroit besoin de rentrer dans ses fonds, pourroit, sans le vouloir, gagner ou perdre deux ou trois pour cent en chemin. Ces réflexions sont applicables à toutes espèces d'effets publics, de quelque manière qu'on les modifie, dès qu'on les donne en paiement au cours.

Il n'y avoit donc de juste, dans le plan de 1814, que l'intention de ne rien faire perdre aux créanciers de l'arriéré; mais il étoit souverainement impolitique, parce qu'il ne pouvoit s'exécuter sans que le

nombre, déjà si considérable, des acquéreurs de biens nationaux ne se trouvât fort
augmenté. Les hommes clairvoyans comp-
toient peu sur leur dévouement au gouvernement royal, malgré les efforts constans
qu'il avoit faits pour les rassurer : on pouvoit respecter leur jouissance, sans leur
fournir des recrues. Heureusement pour
la stabilité du trône, premier besoin des
peuples, les circonstances ont apporté tant
d'obstacles à ce plan, qu'il faudra très-pro-
bablement y renoncer. Aujourd'hui, la
consolidation forcée compte beaucoup de
partisans. Il faut en convenir, de tous les
systèmes, c'est le plus commode. Il est
plus aisé d'inscrire des créances que de
les payer; mais on n'est pas d'accord sur
le mode d'exécution. Les uns veulent donner des rentes au cours, ce qui auroit le
double inconvénient de charger le trésor
de très-lourds arrérages, et de lui faire reconnoître, en sus de la dette réelle et légitime, celle d'un capital peut-être de moitié
plus fort, et qu'il n'a jamais reçu. Les autres,
frappés de cet inconvénient, mais trop peu
versés dans les matières de finances et de

crédit, pour prévoir les funestes conséquences de la déloyauté , trouvent tout
simple de payer au *pair*. Si on leur repré-
sente que la rente est déjà à soixante ; que
l'affluence de nouveaux vendeurs ne man-
quera pas de la faire encore baisser ; qu'enfin
une pareille opération n'est qu'une banqueroute mal déguisée, ces hommes impertur-
bables répondent froidement : Attendez ;
on destine quatorze millions, vingt millions,
s'il le faut, à une caisse d'amortissement
qui tendra incessamment à faire hausser le
cours des fonds : dans quelques années, il
sera très-élevé ; que sait-on ? dans dix ans, les
rentes seront peut-être au pair. Alors vous
n'éprouverez point de perte. Attendez. Mais
vous, faites donc attendre les créanciers
qui pressent vos créanciers ; ils avoient espéré que, sous un gouvernement légitime
et loyal, la justice seroit enfin rendue ;
dans cette confiance, ils avoient accordé des
délais ; mais la patience s'enfuit avec l'espoir : ils font saisir les revenus, ils affichent
les terres, ils vendent les meubles ; l'huissier
est là avec ses recors. Allez-vous venir à
leur secours avec une loi de suspension gé-

nérale, qui accorde à tous les débiteurs des termes indéfinis pour se libérer? Mais ce qui seroit équitable dans votre système d'injustice, bouleverseroit la société. Le remède seroit pire que le mal. Le malheureux n'a qu'une ressource : il fait venir l'agent de change pour échapper à l'huissier; il vend au *cours* ce qu'il a reçu au *pair*, et la moitié de sa fortune est à jamais perdue.

On verra, dans l'ouvrage auquel cet écrit sert d'introduction, sous combien de rapports l'État souffre de la dépréciation des effets publics : je n'en donne ici qu'un aperçu. Premièrement, le gouvernement est le plus grand des consommateurs; et comme il achète une immense quantité de denrées à crédit, il les paie nécessairement plus cher, lorsque le taux de l'intérêt est élevé. En second lieu, les fortunes des rentiers de l'État se trouvent réduites, dans leurs capitaux, par la baisse, quoiqu'ils conservent les mêmes revenus : cette perte se réalise au moment où ils vendent leurs rentes, opération qui se renouvelle souvent pour cette espèce de valeurs; et le fisc, qui profite de toutes les mutations, parce qu'il

atteint tous les genres de placemens, perd
à proportion. Je sais que les Economistes
nient la création, et par conséquent la destruction des capitaux comme résultats de la
dette publique, mais ce n'est pas la seule de
leurs erreurs ; et sans m'enfoncer dans la
discussion d'une question abstraite et com-
plexe, qui demande beaucoup de développemens, je les engagerai à expliquer au
possesseur de 5,000 fr. de rentes, forcé de
les vendre aujourd'hui à 60 fr., comment il
ne perd pas 20,000 fr. pour avoir manqué
de vendre au cours de 80 fr. Bien certainement les 20,000 fr. qu'il reçoit de moins
n'ont profité à personne.

Il est donc évident que la dépréciation des rentes augmente les dépenses publiques, en même temps qu'elle diminue
les recettes. Ce résultat est constant, inévitable ; il ne dépend, en aucune manière,
des événemens politiques ou des circonstances intérieures ; une telle considération
suffiroit à elle seule pour écarter les divers
plans de consolidation, puisqu'une irrup-
tion soudaine de rentes doit nécessairement
encombrer le marché, et faire baisser le

cours. Mais je dois insister sur des motifs d'une plus haute importance, et rappeler à ceux qui paroissent l'avoir complètement oublié, la situation particulière où le dernier traité de paix a placé la France. En vertu de deux stipulations séparées, nous devons bonifier aux étrangers, pour certaines rentes qui seront données en paiement à leurs sujets, aux uns, la différence entre le cours d'une époque déterminée et 60 fr.; aux autres, celle de 75 fr. Il ne faut pas être grand calculateur pour voir combien nous avons d'intérêt à soutenir nos fonds. On peut aisément perdre sur ces objets trente ou quarante millions. Mais il en est un bien autrement considérable : il résulte de cette condition du traité, qui remet entre les mains des Puissances, comme garantie de la contribution de guerre, sept millions de rentes au capital de cent quarante millions, en les autorisant à les vendre au cours à défaut de paiement. Si la rente tombe à 50 fr., la France perd soixante-dix millions, et cette perte énorme peut se renouveler même plusieurs fois avant l'expiration des cinq ans : et l'on s'obstine à vouloir consolider!

Je reviens aux créanciers de l'arriéré. Il faut convenir que leur situation est aussi triste qu'étrange. En effet, parmi ceux qui s'occupent de leurs affaires, soit qu'ils en aient reçu la mission spéciale, soit qu'un zèle spontané les y porte, les uns, suivant l'expression d'un homme aussi distingué par son talent que par ses connoissances pratiques en finances, veulent les payer en *écus de bois;* les autres, encore plus économes, en *écus de papier;* et enfin, le plus grand nombre en écus rognés, ou plutôt de bas aloi, car je ne saurois donner d'autre nom à la consolidation au pair; et cependant tout le monde veut être juste. Tâchons de seconder ces bonnes intentions.

J'ai prouvé que les lois de la morale et de la bonne foi étoient, sans exception, communes aux Etats et aux particuliers : c'est une conséquence de ce principe, si évident et pourtant si méconnu en France, qu'une nation a le droit de demander des termes à ses créanciers, ou, pour me servir du langage usité dans le commerce, de déclarer une suspension de paiement, lorsqu'il est évident qu'elle n'a pas les moyens

de s'acquitter envers eux. Telle est malheureusement la situation où se trouve la France.
Si l'énorme fardeau qui l'accable aujour-
d'hui, la dette étrangère, dont le montant
annuel dépasse de beaucoup les ressources
de l'année, quelque économie, quelque ré-
duction que l'on fasse dans les dépenses ; si
ce fardeau, dis-je, avoit le caractère d'un
tribut sans terme, il est à présumer que les
Français ne prendroient conseil que de leur
désespoir. Heureusement il n'en est pas
ainsi. Encore quelques années de gêne et
de patience, et ces terribles deux cent
soixante-dix millions disparoîtront à jamais
du budget. Nous nous retrouverons alors
dans la situation où nous étions en 1814,
et l'on sait qu'à cette époque, les impôts,
très-considérables sans doute, mais pourtant supportables, donnoient sur la dépense
un excédant de recettes évalué à soixante-
dix millions, et qui, dans le fait, auroit
dépassé quatre-vingts. C'est là le gage véritable, l'hypothèque des créanciers ; c'est
sur cet excédant qu'ils ont un droit qu'on
ne sauroit leur contester ; comme aussi c'est
cette grande circonstance de la sortie des

étrangers qui fixe d'une manière invariable la fin de la suspension de paiement que le malheur des temps leur fait éprouver.

Il sera facile de démontrer que cet arriéré si effrayant, dégagé aujourd'hui des créances étra gères, réduit, comme il doit l'être, par une liquidation sévère en même temps que juste, par des rejets qui ne le seroient pas moins, ne s'élèvera pas à cinq cents millions. Cette somme pourroit être acquittée en six ans, probablement même en cinq. Mais si l'on me demande quelle assignation spéciale je prétends déléguer aux créanciers afin de rendre leur sûreté complète, je répondrai franchement que tous ces gages si souvent détournés de la destination promise, ces fonds spéciaux tant de fois divertis, ne sont plus à mes yeux que les ressources usées de la charlatanerie financière. Ces précautions redoublées sont illusoires et vaines : injurieuses pour la loyauté, elles sont insuffisantes contre la mauvaise foi qu'elles n'arrêtent jamais lorsqu'elle a la force d'être injuste. Eh ! n'est-ce pas le plus beau des gages que la France, libre des étrangers après avoir été fidèle à ses engagemens envers eux comme avec ses sujets, la France régénérée sous le gouvernement toujours paternel des Bourbons, dont une funeste expérience a démontré l'indispensable besoin ? Désormais cette race auguste veut être entourée d'un conseil véritablement national, comme au temps du berceau de la monarchie. Ardens défenseurs du trône, de la morale et de la religion, les Députés qui remplaceront la Chambre actuelle imiteront leurs estimables prédécesseurs ; ils seconderont les intentions bienfaisantes du monarque, qui a senti l'utilité de ces institutions régulières sans lesquelles le gouvernement n'est tempéré que de nom et de hasard ; ils empêcheront qu'on ne surprenne sa religion, qu'on n'égare sa générosité : par eux, les impôts seront libéralement consentis, les dépenses circonscrites dans les bornes d'une sage économie : et la France prospère reconnoîtra combien de telles assemblées, libres, indépendantes, mais guidées par une administration habile et éclairée, sont préférables à ces grands corps de magistrature aux droits indéfinis, composés sans doute de juges intègres, de citoyens recommandables, mais dont pourtant les remontrances sans force oufactieuses ne pouvoient empêcher les faûtes ministérielles qu'en excitant contre le prince le mécontentement des sujets.

Lorsque le gouvernement français se présentera dans cette attitude imposante ; lorsqu'il pourra offrir cette garantie d'union, de force et de sagesse, personne ne doutera de l'exécution de ses engagemens : les capitalistes nationaux et étrangers s'empresseront de faire des placemens dans ses fonds. C'est alors que, si les circonstances le demandent, on pourroit, avec avantage, augmenter de quelques feuillets le *Grand-Livre ;* au lieu que ceux qui veulent dès à présent y ajouter un *second volume*, tariroient pour long-temps la source de tout crédit.

Le mode d'exécution du plan que j'indique seroit aussi simple que l'idée première. S'il est plus que superflu d'affecter un gage au paiement de la dette exigible, il est juste de donner aux créanciers un titre dont ils puissent disposer ; comme aussi d'y attacher un intérêt qui les dédommage du

retard qu'ils sont forcés de subir. Le paiement étant divisé par années, les effets proposés porteroient le nom d'annuités; ils seroient partagés en séries, et le sort décide-
roit de la priorité des remboursemens. Jusqu'ici, rien, du moins je le pense, n'est laissé
à l'arbitraire; la justice est notre guide; et
si la force de s choses nous en a fait dévier
momentanément, dès qu'il l'a été permis, on
est rentré dans ses limites. Les mêmes principes nous serviront de règles pour la fixation de l'intérêt. On n'écoutera ni les conseils d'une générosité qui pourroit passer
pour prodigue, ni une parcimonie inique et
ruineuse. On ne donnera point huit pour
cent comme l'année dernière; on rejettera
ces intérêts bizarres de six deux tiers, de
sept un dixième, qui n'ont été proposés que
parce qu'ils représentent le revenu de la
rente au cours de soixante-quinze et de
soixante-dix, mode de paiement que des
écrivains ont, de leur pleine puissance,
décidé juste et suffisant. Nous ne voulons pas
nous arroger une telle autorité; nous laisse-
rons agir la loi commune, la loi existante :
quand elle a prononcé, personne n'a le droit

de s'y soustraire, pas plus le gouvernement que les sujets. Or, il existe, depuis bien des années en France, deux taux d'intérêt légal : l'un s'applique aux capitaux aliénés, ou prêtés sur hypothèque : il est de cinq pour cent. L'autre, de six pour cent, est le revenu autorisé des fonds placés dans le commerce. La classe à laquelle appartiennent ceux des créanciers de l'arriéré, est évidemment la dernière. Ils n'avoient jamais entendu aliéner à perpétuité leurs capitaux ou le prix de leur travail; ils n'avoient compté faire que de courtes avances. Il vous plaît de les convertir en un emprunt forcé, et vous soutiendriez qu'ils n'ont pas droit à l'intérêt commercial ! L'événement prouve cependant qu'ils ont fait la plus hasardeuse des spéculations.

J'ai traité la question morale : il me reste à considérer quels doivent être les résultats de ce grand atermoiement. Je veux les examiner sous le double rapport de l'intérêt de l'État et de celui des créanciers; mais il faut prévenir les objections. Deux principales se présentent, et je remarque qu'elles sont diamétralement opposées, ce qui est déjà en faveur du projet. En effet, les uns trouvent que l'on donne trop, et les autres que l'on donne trop peu. Ce qui choque surtout les premiers, c'est que les créanciers de la dette exigible soient mieux traités que ceux de la dette constituée. Ils ne veulent pas faire attention que celui qui a placé volontairement son argent en rentes perpétuelles, n'a droit qu'aux intérêts convenus, et que quand ils sont servis avec exactitude, on est quitte envers lui. Il n'en est pas de même de celui qui n'a fait que des avances temporaires, et qui ne les eût pas faites si l'on n'avoit pas pris avec lui l'engagement solennel de les rembourser dans un court délai. Vous prétendez que cela est impossible ; je le sais, mais vous pouvez et vous devez lui donner un dédommagement qui l'indemnise de la perte que lui fait éprouver le manque des fonds sur lesquels il avoit compté. Mais, ajoute-t-on, on a confisqué et anéanti les deux tiers des rentes..... Arrêtez ; c'est une épouvantable injustice, et la forme hypocrite dont on s'est servi augmente mon indigna'ion : mais je m'étonne que vous soyez tentés d'imiter, envers une

autre classe de créanciers, cette violation
de la foi publique que vous réprouvez avec
tant de raison. Au re*te, on doit remarquer
que les rentiers, qui l'étoient antérieure-
ment à la consolidation, sont les seuls qu'elle
ait lésés. Ceux qui le sont devenus depuis
n'ont pas souffert. On estime que, sur cent
cinquante mille personnes environ qui possèdent aujourd'hui des rentes, il n'y en a
plus guère que quinze mille dont le titre
remonte avant la révolution. Voilà ceux qui
sont véritablement à plaindre. Mais la sollicitude que l'on montre assez généralement
envers les créanciers de la dette constituée
dépasse toutes les bornes, lorsqu'on prétend
que c'est commettre une injustice à leur
égard que de créer de nouvelles rentes,
parce que cette émission fait nécessairement
baisser celles dont ils sont possesseurs.
Quoique cette opinion tende à faire pros-
crire la consolidation à laquelle je m'oppose,
je ne voudrois pas l'accréditer. Je respecte
trop la vérité pour désirer qu'elle triomphe
par de mauvaises raisons. On fait tort aux
rentiers de l'Etat, mais on n'est pas injuste
envers eux, lorsque l'on ajoute à cette partie

de la dette, parce qu'on ne leur a pas promis de ne plus emprunter, parce qu'on ne
leur a pas garanti, qu'on ne peut pas leur
garantir de tenir la rente à un cours déterminé. Après tout, cette question est à peu
près oiseuse, puisque j'ai prouvé ci-dessus
que l'Etat se faisoit un tort réel, toutes les
fois que ses opérations, mal combinées, en-
traînoient la dépréciation des fonds, ou, en
d'autres termes, la diminution de son crédit.

Je viens à l'objection opposée. Ceux
qui craindroient que dans ce système les
créanciers de l'arriéré ne fussent pas assez
payés, n'ont pas plus d'écus que nous à
leur offrir ; ils n'ont, comme nous, que des
plans, des projets, et en définitif un papier.
Des deux moyens qu'ils indiquent, celui de
donner des rentes au cours est inadmissible ;
je viens de le prouver : l'autre, celui de
donner des obligations et de vendre les bois
n'est plus exécutable : car, sans examiner la
question de propriété, qui pourtant vau-
droit la peine d'être enfin traitée avec le
concours de toutes les autorités compé-
tentes, tout le monde convient que des
ventes faites à vil prix, et elles le seroient

indubitablement dans les circonstances pré-
sentes, absorberoient une grande portion de
cette précieuse ressource. On sait également
que l'État est le plus grand propriétaire de
forêts : or, cette vente lui enlèveroit, pendant plusieurs années, une grande partie du
revenu de celles qu'il conserveroit ; et c'est
encore une des branches importantes de la
recette : on conçoit que les acquéreurs ne
manqueroient pas de faire des coupes forcées
qui amèneroient une grande baisse dans la
valeur des bois de charpente et de chauffage, dont la consommation ne sauroit
augmenter. D'un autre côté, les particuliers
qui possèdent des bois éprouvant une pareille perte, ne seroient pas en état d'acquitter l'impôt foncier déja si excessif. De
là des non valeurs, et par conséquent
diminution dans le revenu. Mais tant de
sacrifices ne tourneroient même pas au
profit des créanciers; leur sort ne seroit
rien moins qu'assuré, et il y a tout lieu de
croire que le gage étant évidemment insuf-
fisant, il n'y auroit encore cette fois que
les plus favorisés qui parviendroient à être
payés. La masse des obligations réprouvées

par l'opinion avant d'être émises, seroit nécessairement avilie. Peut-être on me dira : Vos annuités n'auroient-elles pas la même chance à courir? Des effets payables au plus tôt dans cinq ans , et encore sans l'affectation d'un gage spécial, ne subiroient-ils pas une grande perte? On ne me reprochera pas , je l'espère, de chercher à affoiblir les argumens de mes adversaires. Voici ce que je leur réponds : D'abord , il vaut mieux avoir une hypothèque générale, et ne pas avoir de gage déterminé, que d'en avoir un litigieux , et d'ailleurs beaucoup trop foible. Secondement, en donnant, comme on l'a fait l'année dernière , au porteur de l'annuité la faculté de la convertir en cinq pour cent consolidés, cet effet aura toujours un cours supérieur à celui de la rente ; et cette différence sera considérable : elle doit monter *presque* aussi haut que le capital d'un pour cent que l'annuité rapporte de plus (1). Mais je ne veux point me borner

______

(1) Je dis *presque* , et non pas exactement aussi haut, parce que le propriétaire de la rente a la chance de retirer cent de son capital, si la rente s'élevoit au pair, tout comme le porteur de l'annuité. Cet avantage commun tend à dimi-

à cette ressource. J'appelle, pour favoriser la hausse de ces effets, tous les moyens d'amortissement qu'il n'est plus besoin d'employer à soutenir la rente, comme dans le système de consolidation forcée. Je les applique tout entiers au rachat des annuités, et cela est dans l'ordre, l'amortissement devant commencer par éteindre de préférence l'espèce de dette dont le service est le plus onéreux au trésor.

On ne se fait pas, en général, une idée juste de l'effet que produiroit en France le spectacle nouveau d'une caisse d'amortissement indépendante, richement dotée, s'augmentant annuellement du revenu des effets rachetés, enfin, agissant avec la puissance progressive de l'intérêt *composé*. Ceux même qui en jugent d'après les succès étonnans que cette belle invention de la civilisation moderne a obtenus en Angleterre et en Amérique, sont peut-être encore au-dessous de la vérité. Pour moi, je suis intimement convaincu

nuer la différence que produit en faveur du dernier l'intérêt plus fort qu'il reçoit. Mais, à la grande distance où la rente se trouve actuellement du pair, cette espérance ne doit avoir qu'un foible résultat.

que l'effet moral seroit ici beaucoup plus prompt que partout ailleurs. Nous habitons la terre de l'Espérance : cette divinité tutélaire des Français, qui charme le présent, console du passé, embellit l'avenir, exerce surtout son empire sur les imaginations vives, si communes parmi nous. En vain la fortune détruit-elle en un instant les illusions dont on s'étoit bercé, souvent même l'attente la mieux fondée, l'espoir, le plus habile et le moins cher des architectes, rebâtit bientôt avec les mêmes débris le plus somptueux édifice. Si la mobilité de notre caractère nous fait quelquefois tomber dans le découragement, ces momens sont courts et passagers : la moindre circonstance favorable relève les plus abattus. C'est que la faculté d'espérer a chez nous plus de ressort que dans tout autre pays. On a pu s'en convaincre dans ces deux années consécutives qui tiendront tant de place dans l'histoire. Lorsque les armées de l'Europe coalisée, plus fortes encore de notre désunion que de leur nombre, étoient parvenues, à travers nos provinces dévastées, jusque sous les foibles murs de la capitale;

quand tout portoit à croire que ces pha-
langes, animées du désir de la vengeance,
aigries par de trop justes ressentimens, que
toutes ces hordes réputées barbares, n'at-
tendoient que le signal du pillage ; lorsque le
bruit du canon, se rapprochant sans cesse,
faisoit évanouir toute idée de résistance, et
présageoit le meurtre, la ruine, la confla-
gration, terrible représaille de cette autre
capitale totalement incendiée ; enfin, lorsque
tout paroissoit perdu sans ressource, et que
la raison pouvoit à peine admettre la possi-
bilité de cette chance de conservation que
la Providence nous réservoit, Paris, on
s'en souvient, ne présentoit point l'aspect
de la consternation, et les fonds baissèrent
à peine de dix pour cent ! De tous les résultats inattendus de cette grande époque,
celui-ci n'est certes pas le moins étonnant.
Il est l'irrécusable preuve de la tendance
que les capitalistes français ont à se flatter.
Mais s'ils ne se laissent guère abattre par la
mauvaise fortune, dès qu'un événement
favorable ou seulement une mesure de finance sage et bien combinée offre quelque
apparence d'amélioration dans le cours des

fonds, on voit tous ces agiles spéculateurs se presser, courir, dans la crainte qu'ils ont toujours d'être devancés. C'est ce qui ne manqueroit pas d'arriver si l'on voyoit enfin le jeu constant et régulier d'une forte caisse d'amortissement Nul doute que ses effets réels ne fussent de beaucoup anticipés par cette disposition générale des esprits. En finance, l'espérance produit, comme la confiance, des résultats prodigieux. Par exemple, qui pouvoit prévoir, ce que l'expérience a démontré, que dans les banques d'échange bien accréditées, il suffisoit, pour satisfaire à toutes les demandes, de tenir dans les caisses entre le quart et le cinquième du numéraire représenté par les billets émis : c'est cette propriété bien précieuse des banques qui doit nous aider puissamment à sortir de la terrible crise où nous sommes engagés : sans cet admirable moyen de circulation et de crédit, l'écoulement progressif du numéraire chez l'étranger ne feroit qu'aggraver indéfiniment notre fâcheuse position Il est juste de le dire, nous devons de la reconnoissance aux administrateurs qui ont présidé, dans ces temps si difficiles, aux opérations de la Banque de France. En restreignant leurs escomptes, en retirant de la circulation presque tous leurs billets, enfin en brisant leurs planches de peur que la violence n'en abusât, ils ont bien mérité des actionnaires et du public. Le service qu'ils ont rendu aura même des conséquences heureuses pour l'avenir, puisqu'il prouvera que ce papier si léger, si destructible, peut survivre aux plus grandes convulsions politiques, même à l'invasion, et conserver autant de valeur que les métaux précieux. Cet exemple est assez marquant pour dissiper les restes de méfiance qui peuvent encore exister. Il ne faut pas se le dissimuler : la Banque n'a pas rempli toutes les espérances qu'avoit dû faire naître un établissement aussi bien combiné, et dirigé avec autant de loyauté que de sagesse : elle porte le nom de Banque de France, mais elle n'en a que le titre ; elle est réellement la Banque de Paris : à dix lieues de la capitale, ses billets plus recherchés ici que le numéraire, n'ont point de cours. Les tentatives que l'on a faites, il y quelques années, pour les introduire dans trois de nos principales places de commerce , Lyon , Lille et Rouen, ont été infructueuses. L'extension du crédit eût été avantageuse à cette époque ; elle est indispensable aujourd'hui que la richesse mobilière est diminuée par les malheurs de deux invasions consécutives, que l'agriculture a besoin d'avances , qu'il faut acheter des bestiaux, rétablir des fermes délabrées, remettre en mouvement des ateliers délaissés , et qu'au milieu de tant de besoins , nous voyons emporter le numéraire qui pourroit tout réparer. Ah ! si nous possédions encore cette superbe colonie de Saint-Domingue , ses immenses et riches produits qui influoient si puissamment sur la balance du commerce eussent bien vite ramené les espèces qu'on nous enlève. C'eût été la véritable caisse d'amortissement de nos contributions de guerre.

Mais nous avons perdu cette île naguère si florissante, et si l'on peut encore conserver quelqu'espoir de la rattacher à la métropole, cet espoir est bien éloigné. Nous devons donc tirer tout de notre sol et de notre industrie. Notre industrie n'est pas découragée, notre sol est resté fécond; mais dans nos temps modernes, l'argent est le principe de toute activité. C'est lui qui fait mouvoir la navette du tisserand, et sans lui, la charrue du laboureur n'achève point le sillon commencé : on peut encore le comparer au blé, qui ne vient pas spontanément, et qu'il faut semer pour le recueillir. Puisque nous savons, par une heureuse expérience, que la confiance multiplie, ou plutôt remplace cet agent universel, pourquoi ne pas employer un moyen si commode et si simple? Qu'il se forme donc, dans tous les départemens, dans tous les cantons riches et populeux, des banques locales d'escompte et d'échange ; qu'elles soient sous la surveillance des administrations municipales, et cependant qu'elles soient indépendantes ; surtout qu'elles aient pour chefs les plus considérés des négocians. Quelques tentatives de ce genre ont échoué, parce que l'on avoit pris une base fausse. On avoit voulu faire des banques *territoriales ;* mais c'étoit une étrange erreur, que de donner pour garantie d'un remboursement fixe, une valeur dont la réalisation est aussi lente qu'incertaine. Les propriétaires, nous ne le savons que trop, ne sont jamais assurés du jour où ils recevront leurs revenus, dont le plus net est d'ailleurs emporté par les contributions. Ils ne doivent donc point s'engager à des paiemens dont l'époque est invariablement déterminée. Le fermier fait toujours attendre son terme ; et la lettre-de-change, le billet de banque, n'attendent point. Aussi les moindres négocians, accoutumés à cette exactitude réciproque à laquelle ils attachent un point d'honneur, et sans laquelle il n'y a réellement point de spéculation commerciale, offrent-ils une bien meilleure garantie pour un établissement de ce genre, qu'une réunion de grands propriétaires. L'erreur contraire est probablement venue de ce principe, ou plutôt de cet adage économique : « Que toute richesse vient de la terre. » Mais il s'agit bien ici de la manière dont se forme la richesse ; c'est de la richesse disponible dont nous avons besoin, et celle-là est entre les mains du commerce.

Je regarde l'établissement de ces banques comme l'affaire la plus pressée et la plus importante du gouvernement : elles s'ac-

commodent merveilleusement à tous les systèmes de finance ; et sans elles, aucun plan
ne pourra réussir. Mais que l'on se garde bien
d'y chercher des ressources directes, d'y
puiser, sous la forme d'emprunts ou de toute
autre manière, les fonds que la confiance y
aura déposés : tout seroit irrévocablement
perdu ; et le terrible papier-monnoie seroit
le châtiment de cet abus de l'autorité, de ce
manque de foi.

Sous le rapport des mœurs, ces banques,
répandues sur tous les points de la France,
produiroient un grand bien, en détruisant
un fléau qui dévore nos campagnes. L'usure
s'y est réfugiée, loin de la surveillance des
tribunaux ; elle y est portée à un point inconcevable. Lorsque les signes qui représentent la richesse seront multipliés, la gêne
sera moins grande, les emprunts plus faciles,
par conséquent le taux de l'intérêt moins
élevé. Le cultivateur malheureux ne sera
plus obligé de recourir à ces secours per-
fides qui bientôt consomment sa ruine ; et
les usuriers eux-mêmes ne trouvant plus à
faire de ces gains exorbitans et illicites,
porteront leurs capitaux dans les banques,

où ils serviront le public, auquel ils nuisent maintenant.

Je suis sorti à regret du cercle que je m'étois tracé en commençant cet ouvrage : je voulois seulement examiner l'effet des différentes combinaisons de finances sur les mœurs, déduire de quelques exemples mémorables, encore plus que du raisonnement, des principes généraux et des règles utiles, et je ne comptois pas en faire l'application aux circonstances actuelles. Je ne doutois pas alors que, parmi les nombreux projets qui abondoient de toutes parts, il n'y en eût au moins un qui satisfît l'attente publique. Cette espérance a été complètement déçue : l'opinion flotte suspendue, incertaine, au grand détriment du commerce et de toutes les branches de l'industrie; et malheureusement ce ne sont pas les plus désastreux des systèmes qui comptent le moins de partisans. Dans cet état de choses, j'ai cru devoir publier les idées simples que je viens d'exposer : fondées sur la stricte justice, elles n'auroient assurément rien de dangereux dans l'exécution. Au reste, je prie qu'on le remarque, ce que je propose n'est qu'un mode de paiement pour une partie de la dette ; ce n'est point un plan de finances , encore moins un budget qui statueroit sur toutes les parties de la recette et de la dépense, sur la quotité et la nature des impôts. Ce seroit, de ma part, trop de présomption. Un travail de cette importance demande des connoissances acquises, une expérience consommée. Moi, je n'ai que des notions, et je dois présenter avec méfiance des considérations nouvelles sur un sujet qui n'occupe mes loisirs que depuis un petit nombre d'années. Cependant je me présente avec plus d'assurance dans la carrière de la critique : des conseils d'une nature négative sont toujours moins difficiles à donner. Les miens portent sur trois points principaux, et je les adresse, avec le sentiment de la plus intime conviction, à tous ceux qui, par leur talent ou leurs fonctions, peuvent influer sur la décision de cette grande affaire, à laquelle les destins de la patrie sont si étroitement liés.

1°. Ne faites point de banqueroute, parce que cela est injuste, et, en définitive, ruineux.

2°. Ne créez point de papier-monnoie :

non-seulement vous ruineriez vos créanciers, mais encore vous bouleverseriez
toutes les fortunes, et vous achèveriez de
corrompre les mœurs, en offrant d'innom-
brables occasions de commettre des fraudes
légales.

3°. Enfin, ne consolidez point : car si
vous donnez des rentes au pair, vous faites
une grande injustice ; que si vous les donnez
au cours, vous constituez l'Etat débiteur
d'un capital qu'il n'a point reçu. Rejetez
encore toute espèce de consolidation sous
le rapport du crédit. Vous avez cette année,
et vous aurez, au moins les deux suivantes,
besoin d'emprunts considérables. Vous le
savez, on ne veut prêter que sur des rentes.
Ne les multipliez donc point; autrement
elles seront avilies. Vous ne pourrez emprunter qu'à de gros intérêts, et il vous
faudra écraser les peuples d'impôts pour
payer ces énormes arrérages.

Ces vérités me paroissent démontrées.
Cependant il n'est que trop probable qu'elles
trouveront des incrédules ; mais qui oseroit
nier qu'il est impossible d'espérer de l'ordre
et de l'économie dans les finances, quel que

soit le plan que l'on adopte, tant que l'on n'aura pas à choisir parmi des hommes d'une probité exacte, d'une fidélité à toute épreuve, pour remplir les nombreux emplois d'une administration si compliquée, si étendue? C'est en vain que, pendant la révolution, on a redoublé de précautions contre les dilapidateurs de la fortune publique; en vain a-t-on multiplié à l'infini les degrés de surveillance : à chaque création de ce genre, on pouvoit se demander qui inspectera les inspecteurs? qui nous répondra de nos contrôleurs? C'étoit un cercle vicieux dont on ne pouvoit sortir; car l'immoralité étoit générale, la corruption universelle, et l'honnêteté s'étoit réfugiée dans les exceptions. Il manquoit une race intègre et pure, à qui l'on pût confier la révision de tous les comptes, la gestion des recettes, l'examen des dépenses; cette race n'existoit pas, elle est encore à créer. En attendant, ne voyez-vous pas que vous êtes dupes de votre fausse prudence? Elle vous coûte, au lieu de vous rapporter. Décidez-vous : ou réformez les mœurs, ou réformez ces agens que vous payez pour surveiller la fraude,

et qui, pour la plupart, partagent ses profits. La Fontaine, partant pour un voyage
périlleux, et résolu de ne point se défendre
contre les voleurs, répondoit naïvement à
ses amis qui lui conseilloient d'emporter ses
pistolets : « Ils me prendroient cela de plus. »
Et vous aussi, qui ne voulez pas adopter le
seul moyen efficace de vous défendre contre
l'immoralité et le vice ; faites l'économie
des appointemens que vous donnez à cette
foule de surveillans qui ne surveillent pas :
ils vous prennent cela de plus.

Mais comment, après tant d'erreurs dont
les conséquences ont été si funestes, ne
cherchez-vous pas à retrouver le chemin de
la vérité? comment, battus de tant d'orages,
ne voyant devant vous qu'une mer semée
d'écueils, comment ne tentez-vous pas de
regagner le port? Depuis vingt-cinq ans,
vous avez essayé de toutes les garanties,
vous avez cru qu'un prétendu patriotisme
tenoit lieu de toutes les vertus, et il s'est
trouvé que de très-zélés patriotes étoient
aussi de très-grands fripons : ceux que vous
avez chargés de fonctions importantes, vous
avez voulu les contenir dans les limites du de-

voir, par un lien que les hommes avoient cou-
tume de regarder comme inviolable et sacré,
par la foi du serment, et jamais il n'y eut
tant de parjures. C'est que toute cette morale mondaine péchoit par la base, que cette
fausse philosophie ne reposoit sur rien. Il
me semble entendre ces Indiens, qui, dans
leur ignorance des lois de la gravitation,
prétendent que la terre est soutenue par un
énorme éléphant. Mais qui porte cet éléphant? Ils ont encore une réponse : c'est
une grande tortue. Une question de plus,
ils restent courts. Ils ne savent pas que c'est
le Tout-Puissant qui, d'un bras, soutient
l'univers physique, tandis que, de l'autre,
il dirige le monde social. Nous nous moquons de ces pauvres Indiens : cependant
s'ils sont bornés, du moins ils ne sont pas
inconséquens. Et nous, si habiles dans les
hautes sciences, si versés dans les combinaisons de la politique la plus rafinée; nous,
éclairés par les lumières, ou plutôt par les
torches funèbres de l'expérience, nous ne
voyons pas, nous ne voulons pas voir que,
sans la religion, la vertu qui paroît la plus
ferme, n'offre qu'une foible garantie, et

que l'honneur lui-même n'est pas sûr du
lendemain.

L'ouvrage auquel cet écrit sert d'introduction, est divisé en deux parties. La
première contient des détails historiques.
On y verra sur quels principes les finances
ont été administrées en France depuis
Henri III jusqu'à nos jours. Trois époques
principales sont traitées dans autant de sec-
tions. L'espace qui s'est écoulé depuis le
commencement du ministère de Sully jusqu'à la révolution, est le sujet de la première. Dans la seconde, je donne un aperçu
des grandes opérations de finance ordonnées par les gouvernemens qui se sont suc-
cédés depuis le règne de la terreur jusques
et compris celui de Buonaparte. J'examine,
dans la troisième section, le système qui
a été suivi, à partir de la première restauration. Une histoire abrégée de la dette
constituée française termine cette partie :
on y verra ses accroissemens successifs,
depuis son humble origine, en 1524, jusqu'en 1816. On sait que ce fut François Ier
qui créa, le premier, 75,416 liv. de rentes

au denier douze (le marc d'argent étant à
12 et 14 liv.), long-temps après que ces
sortes de placemens eurent été autorisés par
les Décrétales connues dans le droit canon
sous le nom d'*extravagantes.*

Dans la seconde partie, je traiterai de la
nature des impôts, de leurs justes limites ;
de ceux qui, au lieu de porter sur une partie
libre du revenu, attaquent les capitaux, ou
la reproduction ; de leurs effets sur l'agriculture, le commerce, les fabriques, surtout de leur influence sur la morale publique ; enfin, du mode de perception le
moins onéreux pour les peuples, et cependant le plus favorable aux intérêts du fisc :
de celui où l'on emploie le moins possible
de préposés, considération importante,
mais trop négligée. Cette partie sera ter-
minée par des réflexions sur le crédit, sur
son usage relativement à la France, sa puissance et ses bornes.

Dans tout le cours de l'ouvrage, je me
suis attaché à démontrer, par des faits authentiques et nombreux, l'existence de cette
grande loi, ou plutôt de cette belle harmo-
nie de la nature qui a voulu, pour les peuples

comme pour les individus, que la justice et
l'intérêt bien entendus fussent toujours dans
le plus parfait accord. J'ai cru que , dans
un âge où la morale est si relâchée , il étoit
nécessaire de présenter les vérités-pratiques
sous le rapport de l'utilité directe et per-
sonnelle. Les philosophes de l'antiquité ,
les orateurs chrétiens ont épuisé toutes les
ressources du génie et de l'éloquence, en
faveur de la noble abnégation de soi-même,
de l'ardente charité , du culte sublime
de la vertu désintéressée ; mais ces doctrines célestes ne touchent que les âmes
pures et élevées ; elles sont en petit nombre ,
et ce ne sont point elles qui ont besoin de
conseils et d'encouragemens. Il faut aujour-
d'hui reprendre les choses de plus bas et
comme en remontant ; on doit insister sur
les considérations du moment, les seules qui
aient du pouvoir sur des hommes incertains
de leur situation présente, et qui voudroient
douter d'un autre avenir : le plus sûr, pour
être écouté, est de leur parler d'argent,
de ces richesses dont les nouveaux besoins
imposés par la civilisation rehaussent la
valeur, tandis que les compensations qui se

tiroient jadis du cœur et de la conscience
ont perdu de leur prix. Cet état ou le malheur des temps nous a réduits est triste ,
mais il faut s'y conformer. On ne peut même
espérer de le voir changer que quand la
morale, et la religion qui la garantit, auront
repris leur empire sur un peuple en proie,
depuis tant d'années , à de si funestes illusions. Appelons cette régénération par nos
vœux ; hâtons-la, surtout , par des efforts
unanimes, et nous aurons bien mérité de la
patrie.

J'étois déjà pénétré de ces vérités lorsque
je suis entré , il y a environ dix ans, dans la
carrière des lettres. Aussi mon premier ouvrage commençoit-il par cette maxime :
« Soyez meilleurs, vous serez plus heureux. »
J'écrirois volontiers au commencement de
ce livre , probablement le dernier que je
publierai : « Soyez justes , vous serez plus
riches. »

FIN DE L'INTRODUCTION.